BIBLIOTHÈQUE
CHOISIE

PAR UNE SOCIÉTÉ DE GENS DE LETTRES,

SOUS LA DIRECTION DE M. LAURENTIE.

Ve SECTION.
CHOIX DE POÉSIES.

Tous les ouvrages publiés par la Bibliothèque choisie sont la propriété des éditeurs ; chaque volume est empreint de son cachet : le contre-facteur sera poursuivi suivant la rigueur des lois.

IMPRIMERIE DE BÉTHUNE,
Rue Palatine, n° 5, à Paris.

POÉSIES ALLEMANDES.

KLOPSTOCK, GOETHE, SCHILLER, BURGER.

MORCEAUX CHOISIS ET TRADUITS
PAR M. GÉRARD.

PARIS.
BUREAU DE LA BIBLIOTHÈQUE CHOISIE,
RUE FÉROU, N° 28;
MÉQUIGNON-HAVARD, RUE DES SAINTS-PÈRES, N° 10;
BRICON, RUE DU VIEUX-COLOMBIER, N° 19.

1830.

INTRODUCTION.

Ce serait une erreur de croire que la littérature allemande, aujourd'hui si brillante, si fertile en grands noms, rivale de l'Angleterre et de la France, remonte par une chaîne non interrompue à cette vieille poésie du Nord dont elle porte le caractère. Entre ces deux poésies, il y a un abîme : la barbarie qui ignore, l'imitation qui tue, et les faiseurs de vers latins. Honneur donc à cette famille de poètes nationaux qui commence à Klopstock et qui dure encore ! Ils ont dédaigné les serres chaudes bâties à grands frais dans les châteaux de leur froide patrie, mais ils se sont élancés dans ses montagnes, dans ses forêts; ils y ont cherché les vestiges de la mythologie d'Odin et un écho du chant des vieux bardes saxons. De là une littérature originale, nationale, qui grandira des siècles encore, et qui ne date que d'un demi-siècle; de sorte que l'histoire n'en est pas longue s'il ne s'agit que d'une nomenclature d'auteurs et d'ouvrages, mais immense s'il s'agit de les apprécier.

C'est ce que je n'essaierai pas. Je n'imposerai point à mes lecteurs une admiration sur parole. Cependant l'allemand est une langue si peu répandue que, lorsque nous autres traducteurs indignes nous affirmons que tel auteur ou tel ouvrage est sublime, on nous croit par complaisance et sans plus d'informations. On a fait ainsi chez nous telle réputation colossale dont les étrangers s'étonnent bien fort, j'entends ceux qui ne savent pas comment en France se font les réputations.

Pour moi, j'offre ici des traductions de

vif enthousiasme et de premier jet, que je n'ai peut-être pas réussi à faire bonnes, mais qui du moins sont exactes et consciencieuses. Les jugements tout faits n'avancent rien en littérature ; des traductions fidèles peuvent, je crois, davantage. Quant aux imitations, on n'en veut plus, et on a raison.

Et jamais les traductions ne furent plus multipliées qu'aujourd'hui. Il y en a qui disent : C'est l'irruption des Goths et des Vandales! d'autres : C'est la restauration que les étrangers nous amènent!...... la Restauration toute bienfaisante et aussi toute glorieuse...... Je penche vers ce dernier avis, et je me fonde sur l'exemple même de l'Allemagne.

Là les plus grands auteurs n'ont pas dédaigné de traduire; mais c'était autant pour montrer ce qu'il fallait éviter que ce qu'il fallait faire. Schiller traduisait Racine, et disait à ses compatriotes : Vous voyez bien qu'il n'ose pas assez! Il traduisait Shakespeare, et disait : Vous voyez bien qu'il ose trop! Or Schiller n'imitait ni Shakespeare ni Racine, mais il faisait comme eux, et peut-être aussi bien. On va se récrier. Supposons qu'il fît plus mal, il n'était au moins ni Français ni Anglais; il était lui, il était Allemand.

Ainsi, pour juger cet auteur et cette école, il faut oublier un instant toutes les traditions de notre pays, toutes les exigences de notre poétique, et ne point ridiculiser tel habit, parce qu'on n'en porte point de pareil chez nous. Je crois que cet avis n'est pas inutile pour une partie de ceux qui liront ce livre.

Si même je pouvais d'avance les mettre dans le secret du travail des poètes allemands, ils concevraient mieux peut-être et leurs beautés et leurs défauts; ils comprendraient que c'est une tout autre manière de composer que celle de nos auteurs; que chez nous c'est l'homme qui gouverne son imagination; que chez les

Allemands c'est l'imagination qui gouverne l'homme, contre sa volonté, contre ses habitudes, et presque à son insu.

Quel contraste en effet entre leur vie et leurs pensées ! Plus l'Allemand a été froid et correct dans ses occupations journalières, plus son imagination devient fantasque et vagabonde lorsqu'il la laisse aller, ou qu'il se laisse aller à elle; et il est alors merveilleux de la voir, au milieu d'une atmosphère de brouillards et de fumée de tabac, lui créer un univers magique tout plein de figures légères et gracieuses.

Voyez le poète allemand, dès qu'il a pu échapper à la vie commune, se jeter dans un fauteuil, et s'abandonner à l'enchanteresse dont la main divine se pose sur ses yeux et les ouvre à des aspects nouveaux : c'est alors qu'il aperçoit tantôt comme une échelle de Jacob jetée de la terre au ciel, tantôt comme une vaste roue, un zodiaque céleste qui tourne avec ses signes bizarres et éclatants; le Scorpion et la Vierge, le Capricorne et les Gémeaux; Marguerite et Méphistophélès; plus loin, la Fiancée de Corinthe, qui grandit jusques au plafond; une nuit de Sabbat, une chasse infernale, Lénore à cheval dans les bras d'un fantôme..... Il s'identifie avec tout cela ; il ne voit pas seulement, mais il entend; il entend, et cependant, qu'on tire le canon à ses oreilles, et l'on n'éveillera pas son attention..... Il entend la voix murmurante du Roi des aulnes qui veut séduire un jeune enfant; le *kling-kling* d'une cloche dans la campagne, le *hop! hop! hop!* d'un cheval au galop, le *cric-crac* d'une porte en fer qui se brise..... Et puis, s'il a une plume, il jette tout cela sur le papier, comme il l'a vu, comme il l'a entendu, sans s'inquiéter d'être lu, et surtout sans se dire : cela est-il pur? cela est-il noble? et au fond qu'est-ce que cela prouve? Après quoi il ne touche plus à son travail, et le laisse pour ce qu'il est.... un vrai chaos, soit! du ridicule souvent à force de sublime....., ou bien un monde, tout un monde spirituel, aussi vrai qu'il est possible de l'inventer.

Allez donc maintenant appliquer à un tel ouvrage cette critique rétrécie, fille de La Harpe et de Geoffroy, qui combat traîtreusement les mots à coups d'épingles, et tue ainsi en détail la plus sublime conception.

Ou bien lisez-le superficiellement, avec vos préventions de collége, et sans songer que vous n'êtes plus en France, sans rappeler à vous vos illusions de jeune homme, et les singulières pensées qui vous ont assailli parfois dans une campagne au clair de lune, et bientôt vous aurez jeté le livre avec le mépris d'une curiosité trompée, et vous serez rentré dans votre cercle de pensées habituelles, en murmurant comme un homme qu'on a troublé dans son sommeil.

Ah! ce sera peut-être un peu la faute du traducteur; mais il ne prétend pas vous donner l'ouvrage étranger tel qu'il est; il compte que vous suppléerez à ce qui lui manque, et si vous ne vous sentez pas assez poète pour cela, il ne faut pas le lire.

Voulez-vous avoir une idée de ce qu'une traduction de poésies étrangères, très-bonne même, est à l'original, supposez la plus belle ode de J.-B. Rousseau, mise en prose, et vous verrez ce qu'il en restera; encore faudra-t-il déduire la différence du génie des deux langues, qui fait que ce qui est sublime chez l'une, chez l'autre est ridicule.. Je n'appuie autant sur ce sujet que parce que j'ai vu bien des gens qui avaient lu des ouvrages allemands dans des traductions françaises, s'écrier : Ces Allemands n'ont pas le sens commun ! Cela revient à dire : Ces Allemands ne sont pas Français.

Or il y a en Allemagne une école française ; à savoir, Vieland, Gessner, Lessing, Kotzebue et autres, plus grands hommes chez nous que chez eux, et que l'on choisissait, il y a quelques années, pour nous faire connaître la littérature allemande, comme plus faciles à comprendre pour nous. Eh bien ! je vous jure, que la plupart de leurs ouvrages ne sont pas allemands, mais bien français, moins l'esprit et la grâce qui tiennent au terroir.

Aussi n'ai-je traduit ici que les poètes et les ouvrages vraiment allemands, au risque d'être mal compris et mal jugé : j'ai peu à craindre, il est vrai, pour les auteurs du premier volume, dont la réputation est faite en France; cependant les poèmes que j'en ai recueillis sont les moins connus, les plus difficiles à rendre en prose, et je ne sache pas qu'on ait jamais publié sur eux un travail bien complet. Madame de Staël même, sauf trois ou quatre morceaux qu'elle a traduits, a semblé craindre d'en donner autre chose que des analyses.

Mais c'est son ouvrage sur l'Allemagne, qu'il faut lire et relire, pour se faire une idée juste du mérite des poésies allemandes ; car il y a peu de chose à dire après elle et autrement qu'elle ; aussi ne s'étonnera-t-on pas que je la cite plutôt que de la répéter.

« Les poésies allemandes détachées, dit-elle, sont, ce me semble, plus remarquables encore que les poëmes, et c'est surtout dans ce genre que le cachet de l'originalité est empreint. Il est vrai aussi que les auteurs les plus cités à cet égard, Goëthe, Schiller, Burger, etc., sont de l'école moderne, et que celle-là seule porte un caractère vraiment national. Goëthe a plus d'imagination, Schiller plus de sensibilité, et Burger est de tous celui qui possède le talent le plus populaire. En examinant successivement quelques poésies de ces trois hommes, on se fera mieux l'idée de ce qui les distingue. Schiller a de l'analogie avec le goût français . toutefois on ne trouve dans ses poésies détachées rien qui ressemble aux poésies fugitives de Voltaire ; cette élégance de conversation et presque de manières, transportée dans la poésie, n'appartenait qu'à la France, et Voltaire, en fait de grâce, était le premier des écrivains français. Il serait intéressant de comparer les stances de Schiller sur la perte de la jeunesse, intitulées *l'Idéal*, avec celles de Voltaire :

> Si vous voulez que j'aime encore,
> Rendez moi l'âge des amours, etc.

» On voit, dans le poète français, l'expression d'un regret aimable, dont les plaisirs de l'amour et les joies de la vie sont l'objet ; le poète allemand pleure la perte de l'enthousiasme et de l'innocente pureté des pensées du premier âge ; et c'est par la poésie et la pensée qu'il se flatte d'embellir encore le déclin de ses ans. Il n'y a pas dans les stances de Schiller cette clarté facile et brillante que permet un genre d'esprit à la portée de tout le monde; mais on y peut puiser des consolations qui agissent sur l'âme intérieurement. Schiller ne présente jamais les réflexions les plus profondes que revêtues de nobles images : il parle à l'homme comme la nature elle-même; car la nature est tout à la fois penseur et poëte. Pour peindre l'idée du temps, elle fait couler devant nos yeux les flots d'un fleuve inépuisable; et pour que sa jeunesse éternelle nous fasse songer à notre existence passagère, elle se revêt de fleurs qui doivent périr, elle fait tomber en automne les feuilles des arbres que le printemps a vues dans tout leur éclat : la poésie doit être le miroir terrestre de la Divinité, et réfléchir par les couleurs, les sons et les rhythmes, toutes les beautés de l'univers.

» La pièce de vers intitulée *la Cloche* consiste en deux parties parfaitement distinctes : les strophes en refrain expriment le travail qui se fait dans la forge, et entre chacune de ces strophes il y a des vers ravissants sur les circonstances solennelles, ou sur les événements extraordinaires annoncés par les cloches, tels que la naissance, le mariage, la mort, l'incendie, la révolte, etc. On pourrait traduire en français les pensées fortes, les images belles et touchantes qu'inspirent à Schiller les grandes époques de la destinée humaine; mais il est impossible d'imiter noblement les strophes en petits vers et composées de mots dont le son bizarre et précipité, semble faire entendre les coups redoublés et les pas rapides des ouvriers qui dirigent la lave brûlante de l'airain. Peut-on avoir l'idée d'un poëme de ce genre par une traduction en prose? c'est lire la musique au lieu de l'entendre; encore est-il plus aisé de se figurer, par l'imagination, l'effet des instruments qu'on connaît, que les accords et les contrastes d'un rhythme et d'une langue qu'on ignore. Tantôt la brièveté régulière du mètre fait sentir l'activité des forgerons, l'énergie bornée, mais continue, qui s'exerce dans les occupations matérielles ; et tantôt, à côté de ce bruit dur et fort, l'on entend les chants aériens de l'enthousiasme et de la mélancolie.

» L'originalité de ce poëme est perdue quand on le sépare de l'impression que produisent une mesure de vers habilement choisie et des rimes qui se répondent comme des échos intelligents que la pensée modifie; et cependant ces effets pittoresques des sons seraient très-hasardés en français. L'ignoble nous menace sans cesse : nous n'avons pas, comme presque tous les autres peuples, deux langues, celle de la prose et celle des vers; et il en est des mots comme des personnes, là où les rangs sont confondus, la familiarité est dangereuse.....

» Je ne finirais point si je voulais parler de toutes les poésies de Schiller, qui renferment des pensées et des beautés nouvelles. Il a fait sur le départ des Grecs après la prise de Troie, un hymne qu'on pourrait croire d'un poète d'alors : tant la couleur du temps y est fidèlement observée ! J'examinerai, sous le rapport de l'art dramatique, le talent admirable des Allemands pour se transporter dans les siècles, dans les pays, dans les caractères les plus différents du leur : superbe faculté, sans laquelle les personnages qu'on met en scène ressemblent à des marionnettes qu'un même fil remue et qu'une même voix, celle de l'auteur, fait parler. Schiller mérite surtout d'être admiré comme poète dramatique. Goëthe est tout seul au premier rang dans l'art de composer des élégies, des romances, des stances, etc.; ses poésies détachées ont un mérite très-différent de celles de Voltaire. Le poète français a su mettre en vers l'esprit de la société la plus brillante; le poète allemand réveille dans l'âme, par quelques traits rapides, des impressions solitaires et profondes.

« Goëthe, dans ce genre d'ouvrages, est naturel au suprême degré; non-seulement naturel quand il parle d'après ses propres impressions, mais aussi quand il se transporte dans des pays, des mœurs et des situations toutes nouvelles; sa poésie prend facilement la couleur des contrées étrangères; il saisit avec un talent unique ce qui plait dans les chansons nationales de chaque peuple; il devient, quand il le veut, un Grec, un Indien, un Morlaque. Nous avons souvent parlé de ce qui caractérise les poètes du Nord, la mélancolie et la méditation. Goëthe, comme tous les hommes de génie, réunit en lui d'étonnants contrastes; on retrouve dans ses poésies beaucoup de traces du caractère des habitants du Midi; il est plus en train de l'existence que les Septentrionaux ; il sent la nature avec plus de vigueur et de sérénité; son esprit n'en a pas moins de profondeur, mais son talent a plus de vie; on y trouve un certain genre de naïveté qui réveille à la fois le souvenir de la simplicité antique et de celle du moyen âge : ce n'est pas la naïveté de l'innocence, c'est celle de la force. On aperçoit dans les poésies de Goëthe qu'il dédaigne une foule d'obstacles, de convenances, de critiques et d'observations qui pourraient lui être opposées. Il suit son imagination où elle le mène, et un certain orgueil en masse l'affranchit des scrupules de l'amour propre. Goëthe est en poésie un artiste puissamment maître de la nature, et plus admirable encore quand il n'achève pas ses tableaux ; car ses esquisses renferment toutes les germes d'une belle fiction ; mais ses fictions terminées ne supposent pas toujours une heureuse esquisse.

» Dans ses élégies composées à Rome, il ne faut pas chercher des descriptions de l'Italie; Goëthe ne fait presque jamais ce qu'on attend de lui, et quand il y a de la pompe dans une idée, elle lui déplaît; il veut produire de l'effet par une route détournée, et comme à l'insu de l'auteur et du lecteur. Ses élégies peignent l'effet de l'Italie sur toute son existence, cette ivresse du bonheur, dont un beau ciel le pénètre. Il raconte ses plaisirs, même les plus vulgaires, à la manière de Properce; et de temps en temps quelques beaux souvenirs de la ville maîtresse du monde donnent à l'imagination un élan d'autant plus vif qu'elle n'y était pas préparée.

» Une fois, il raconte comment il rencontra dans la campagne de Rome une jeune femme qui allaitait son enfant, assise sur un débris de colonne antique : il voulut la questionner sur les ruines dont sa cabane était environnée ; elle ignorait ce dont il lui parlait ; toute entière aux affections dont son âme était remplie, elle aimait, et le moment présent existait seul pour elle.

» On lit, dans un auteur grec, qu'une jeune fille, habile dans l'art de tresser les fleurs, lutta contre son amant Pausias qui savait les peindre. Goëthe a composé sur ce sujet une idylle charmante. L'auteur de cette idylle est aussi celui de Werther......

» Après s'être fait grec dans Pausias, Goëthe nous conduit en Asie, par une romance pleine de charmes, *la Bayadère*.....

» Plusieurs pièces de Goëthe sont remplies de gaîté ; mais on y trouve rarement le genre de plaisanterie auquel nous sommes accoutumés : il est plutôt frappé par les images que par les ridicules ; il saisit avec un instinct singulier l'originalité des animaux toujours nouvelle et toujours la même. *La Ménagerie de Lily, le Chant de noce dans le vieux château*, peignent ces animaux, non comme des hommes, à la manière de La Fontaine, mais comme des créatures bizarres dans lesquelles la nature s'est égayée. Goëthe sait aussi trouver dans le merveilleux une source de plaisanteries d'autant plus aimables, qu'aucun but sérieux ne s'y fait apercevoir.

» Une chanson, intitulée *l'Élève du Sor-*

cier, mérite d'être citée sous ce rapport. Un disciple d'un sorcier a entendu son maître murmurer quelques paroles magiques, à l'aide desquelles il se fait servir par un manche à balai : il les retient, et commande au balai d'aller lui chercher de l'eau à la rivière pour laver sa maison ; le balai part et revient, apporte un sceau, puis un autre, puis un autre encore, et toujours ainsi sans discontinuer. L'élève voudrait l'arrêter, mais il a oublié les mots dont il faut se servir pour cela : le manche à balai, fidèle à son office, va toujours à la rivière, et toujours y puise de l'eau dont il arrose et bientôt submergera la maison. L'élève, dans sa fureur, prend une hache et coupe en deux le manche à balai : alors les deux morceaux du bâton deviennent deux domestiques au lieu d'un, et vont chercher de l'eau, et la répandent à l'envi dans les appartements avec plus de zèle que jamais. L'élève a beau dire des injures à ces stupides bâtons, ils agissent sans relâche ; et la maison eût été perdue si le maître ne fût pas arrivé à temps pour secourir l'élève, en se moquant de sa ridicule présomption. L'imitation maladroite des grands secrets de l'art est très-bien peinte dans cette petite scène.

» Il nous reste à parler de la source inépuisable des effets poétiques en Allemagne, la terreur : les revenants et les sorciers plaisent au peuple comme aux hommes éclairés : c'est un reste de la mythologie du Nord, c'est une disposition qu'inspirent assez naturellement les longues nuits des climats septentrionaux; et d'ailleurs, quoique le christianisme combatte toutes les craintes non fondées, les superstitions populaires ont toujours une analogie quelconque avec la religion dominante. Presque toutes les opinions vraies ont à leur suite une erreur; elle se place dans l'imagination comme l'ombre à côté de la réalité : c'est un luxe de croyance qui s'attache d'ordinaire à la religion comme à l'histoire ; je ne sais pourquoi l'on dédaignerait d'en faire usage. Shakespeare a tiré des effets prodigieux des spectres et de la magie, et la poésie ne saurait être populaire quand elle méprise ce qui exerce un empire irréfléchi sur l'imagination. Le génie et le goût peuvent présider à l'emploi de ces contes : il faut qu'il y ait d'autant plus de talent dans la manière de les traiter, que le fond en est vulgaire ; mais peut-être que c'est dans cette réunion seule que consiste la grande puissance d'un poëme. Il est probable que les évènements racontés dans l'Iliade et dans l'Odissée étaient chantés par les nourrices, avant qu'Homère en fît le chef-d'œuvre de l'art.

» Burger est de tous les Allemands celui qui a le mieux saisi cette veine de superstition qui conduit si loin dans le fond du cœur. Aussi ses romances sont-elles connues de tout le monde en Allemagne. La plus fameuse de toutes, *Lénore*, n'est pas, je crois, traduite en français, ou du moins il serait bien difficile qu'on pût en exprimer tous les détails, ni par notre prose, ni par nos vers.....

» Burger a fait une autre romance moins célèbre, mais aussi très-originale, intitulée *le Féroce Chasseur*. Suivi de ses valets et de sa meute nombreuse, il part pour la chasse un dimanche, au moment où les cloches du village annoncent le service divin. Un chevalier dont l'armure est blanche se présente à lui et le conjure de ne pas profaner le jour du Seigneur; un autre chevalier, revêtu d'armes noires, lui fait honte de se soumettre à des préjugés qui ne conviennent qu'aux vieillards et aux enfans : le chasseur cède aux mauvaises inspirations; il part, et arrive près du champ d'une pauvre veuve : elle se jette à ses pieds pour le supplier de ne pas dévaster la moisson, en traversant les blés avec sa suite : le chevalier aux armes blanches supplie le chasseur d'écouter la pitié : le chevalier noir se moque de ce puéril sentiment : le chasseur prend la férocité pour de l'énergie, et ses chevaux foulent aux pieds l'espoir du pauvre et de l'orphelin. Enfin le cerf poursuivi se réfugie dans la cabane d'un vieil ermite, le chasseur veut y mettre le feu pour en faire sortir sa proie : l'ermite embrasse ses genoux, il veut attendrir le furieux qui menace son humble demeure ; une dernière fois, le bon génie, sous la forme du chevalier blanc, parle encore : le mauvais génie, sous celle du chevalier noir, triomphe ; le chasseur tue l'ermite, et tout à coup il est changé en fantôme, et sa propre meute veut le dévorer. Une superstition populaire a donné lieu à cette romance : l'on prétend qu'à minuit, dans de certaines saisons de l'année, on voit au-dessus de la forêt où cet événement doit s'être passé, un chasseur dans les nuages poursuivi jusqu'au jour par ses chiens furieux.

»Ce qu'il y a de vraiment beau dans cette

poésie de Burger, c'est la peinture de l'ardente volonté du chasseur : elle était d'abord innocente, comme toutes les facultés de l'âme ; mais elle se déprave toujours de plus en plus, chaque fois qu'il résiste à sa conscience, et cède à ses passions. Il n'avait d'abord que l'enivrement de la force ; il arrive enfin à celui du crime, et la terre ne peut plus le porter. Les bons et les mauvais penchants de l'homme sont très-bien caractérisés par les deux chevaliers blanc et noir : les mots, toujours les mêmes, que le chevalier blanc prononce pour arrêter le chasseur, sont aussi très-ingénieusement combinés. Les anciens, et les poètes du moyen âge, ont parfaitement connu l'effroi que cause, dans de certaines circonstances, le retour des mêmes paroles ; il semble qu'on réveille ainsi le sentiment de l'inflexible nécessité. Les nombres, les oracles, toutes les puissances surnaturelles, doivent être monotones ; ce qui est immuable est uniforme ; et c'est un grand art dans certaines fictions, que d'imiter, par les paroles, la fixité solennelle que l'imagination se représente dans l'empire des ténèbres et de la mort.

» On remarque aussi, dans Bürger, une certaine familiarité d'expression qui ne nuit point à la dignité de la poésie, et qui en augmente singulièrement l'effet. Quand on parvient à rapprocher de nous la terreur ou l'admiration, sans affaiblir ni l'une ni l'autre, ces sentiments deviennent nécessairement beaucoup plus forts : c'est mêler, dans l'art de peindre, ce que nous voyons tous les jours à ce que nous ne voyons jamais, et ce qui nous est connu nous fait croire à ce qui nous étonne. »

Je ne répète pas les ingénieuses analyses qui se trouvent encore dans ce chapitre de madame de Staël : ses jugements suffisent, et ils seront confirmés peut-être par la lecture des morceaux dont elle a parlé et que j'ai traduits.

Il ne me reste plus qu'à raconter quelque chose de la vie des poètes qui composent ce volume ; car ce n'est point le lieu d'écrire l'histoire de la littérature allemande à propos d'un recueil de poésies ; seulement je vais, comme par transition, passer rapidement en revue les siècles littéraires de l'Allemagne jusqu'à Klopstock, avec qui, ainsi que je l'ai dit, commence une littérature toute nouvelle, et la seule qui mérite notre intérêt.

On n'a que des notions très-incertaines sur les anciens poètes germains ; le grand nombre de peuples et d'idiomes différents dont l'Allemagne se composait au temps des Romains est cause de l'embarras des historiens à cet égard. Les ouvrages les plus anciens et les plus remarquables dont on se souvienne sont écrits en gothique ; mais cette langue cessa bientôt d'être en usage, et fut remplacée par la langue franque, que parlaient les Francs qui envahirent la Gaule sous les Mérovingiens. Cette dernière fut parlée aussi en France jusqu'à Charlemagne, qui tenta de la relever de la désuétude où elle commençait à tomber, en Allemagne surtout. Il fit même faire un recueil des légendes et chants nationaux composés en cette langue; mais elle ne fut plus d'un usage général, et, comme le latin, ne sortit plus de l'enceinte des cours et des couvents. Le saxon ou bas-germain plaisait davantage au peuple, et c'est en saxon que furent composées les premières poésies vraiment nationales de l'Allemagne.

Leur succès fut tel que Charlemagne en fut épouvanté. Ces chants, tout empreints du patriotisme et de la mythologie des Saxons, étaient un des plus grands obstacles aux progrès de sa domination et de la religion chrétienne qu'il voulait leur imposer. Aussi furent-ils sévèrement défendus après la conquête, et ceux particulièrement que ces peuples avaient l'usage d'entonner sur la tombe de leurs parents.

Cette proscription dura encore, même après la dissolution de l'empire de Charlemagne, parce que les ecclésiastiques craignaient aussi l'influence des idées superstitieuses qui régnaient dans ces chants, qu'ils nommaient *poésies diaboliques* (carmina diabolica).

De là plusieurs siècles où les poésies latines furent seules permises et encouragées; par conséquent, point de littérature, et un retard immense dans la civilisation.

Le temps des croisades changea un peu la face des choses. Les chevaliers allemands, dans leurs voyages, traversèrent la Provence, les champs poétiques de l'Orient, et, à leur retour ou pendant les loisirs de la guerre sainte, s'occupèrent de littérature, et composèrent un grand nombre de chants dont une partie est venue jusqu'à nous.

Tout cela est une pâle contre-épreuve des poésies romantiques de nos troubadours; les croisades, les tournois, la ga-

3.

lanterie chevaleresque, sont les éternels sujets de ces poëmes, bizarrement enluminés des couleurs vives et joyeuses du Midi et des sombres peintures du Nord; imitations lourdes et sans génie, parce qu'elles étaient imitations, d'autant plus ridicules que les matériaux en étaient plus riches, comme la grotesque demeure que se bâtit un Turc avec les débris d'un temple grec.

Cependant il y avait là les élémens d'une régénération, si des hommes de génie se fussent rencontrés; mais le jour n'était pas encore venu, l'Allemagne allait créer l'imprimerie, et une longue stérilité précédait un tel enfantement.

Il se trouve pourtant parmi ce chaos un de ces phénomènes isolés qu'on rencontre parfois dans les littératures; qui ne savent d'où ils viennent, ni où ils vont, et que l'on dirait tombés du ciel : je veux parler du célèbre poëme des Niebelungen, ou *livre des Héros*, sorte d'Iliade sans nom d'auteur, recueil de rapsodies nationales beaucoup trop vanté de ceux qui ne l'avaient pas lu, mais qui mérite d'être étudié par les Allemands surtout, et qui d'ailleurs est tellement au-dessus des autres compositions de ces temps-là, qu'on ne peut le rattacher à rien de ce que l'on en connait.

Ensuite vinrent les maîtres chanteurs, ou *meistersænger*, troubadours bourgeois qui s'emparèrent de la poésie quand les chevaliers, qui jusque-là l'avaient seuls cultivée, n'en voulurent plus, parce que, dans ces temps de troubles et de guerres, ils avaient à faire autre chose, et que du reste la mode en était passée.

Cette nouvelle époque de la littérature se poursuivit, non sans quelque éclat, jusqu'au temps de la réformation, qui pensa tuer à jamais la poésie en Allemagne, et qui ne la trouvait bonne qu'à rimer des cantiques sacrés. Du reste, le goût des Allemands d'alors pour les sciences positives les détournait encore davantage d'un genre de littérature qui n'avait, jusque-là, produit que peu d'essais remarquables, et pas un bon ouvrage.

A Klopstock! à Goëthe! à Schiller! car cette revue est fatigante : dussions-nous faire quelque injustice à Opitz, à Gottsched, à Bodmer, poëtes du xviie siècle et du commencement du xviiie, qui trouveraient une place brillante dans une histoire détaillée de la littérature allemande.

Fréderic Gottlob Klopstock naquit à l'abbaye de Quedlinbourg en 1724. Si l'éclat des premières études prouvait quelque chose pour l'avenir, il eût fallu désespérer de celui de Klopstock.

Cependant cet écolier, ignorant et distrait, dont l'âme s'était conservée encore vierge des Grecs et des Romains, rêvait la poésie moderne; mais religieuse, actuelle, nationale, et, suivant l'expression de Schlegel, *touchant d'une main au chris-*

tianisme et de l'autre à la mythologie du Nord, *comme aux deux éléments principaux de toute culture intellectuelle et de toute poésie européenne moderne.* Aussi la sensation que produisit en Allemagne l'apparition de *la Messiade* fut-elle prodigieuse : l'histoire littéraire de tous les peuples offre peu d'exemples d'un succès aussi éclatant; c'était un de ces ouvrages que chacun regarde comme la réalisation de tous ses vœux, de toutes ses espérances en littérature, et qui remettent à l'école tous les écrivains d'un siècle. De sorte que rien ne manqua au triomphateur, pas même les insultes des esclaves : toutes les coteries, toutes les écoles littéraires dont ce succès ruinait totalement les principes et la poétique, fondirent furieusement sur le jeune étudiant qui se trouvait être soudain le premier et même le seul poète de l'Allemagne. Mais, au sein de toute cette gloire, Klopstock avait à peine de quoi vivre, et se voyait forcé d'accepter l'offre d'un de ses parents nommé Veiss, qui lui proposait de faire l'éducation de ses enfants. Il se rendit chez lui à Langensalza, et là se prit d'une passion malheureuse pour la sœur de son ami Schmied. Cette eune fille, qu'il appelle Fanny dans ses poésies, honorait le poète presque comme un Dieu, mais le refusa constamment pour époux. Il tomba alors dans une mélancolie qui dura long-temps : cependant ses études littéraires et ses voyages finirent par l'en guérir si bien, qu'il épousa, en 1754, Marguerite Moller, une de ses admiratrices les plus passionnées.

Or ce fut là la plus belle époque de sa vie; il terminait les dix premiers chants de *la Messiade*, et composait ses plus belles odes; mais, depuis la mort de sa femme, arrivée en 1758, et à laquelle il fut extrêmement sensible, il ne retrouva plus les inspirations de sa jeunesse; seulement il s'enthousiasma plus tard pour les premiers temps de notre révolution, et composa un assez grand nombre d'odes politiques, qui lui valurent le titre de citoyen français.

Cependant le règne de la terreur fut bientôt l'objet de toute son indignation, comme on le verra dans l'ode sur Charlotte Corday : le vieux poète pleurait alors amèrement les dernières illusions pour lesquelles son âme s'était réveillée, et que le couteau de Robespierre avait aussi frappées de mort.

Klopstock mourut à Hambourg en 1803, après avoir été témoin de la plupart des triomphes de Goëthe et de Schiller, dans cette littérature qu'il avait relevée et comme préparée à un essor plus sublime. Il était, ainsi que Vieland et Goëthe, membre de l'Institut national de France.

Goëthe marche le second de cette famille de poètes créateurs; il mérite encore plus que Klopstock le titre de régénérateur de la littérature allemande, car tous les genres lui furent dévolus, et à tous il traça des routes nouvelles : géant de la poésie romantique moderne, il jouit encore de ses triomphes, et assiste vivant à son immortalité.

Goëthe (Jean Wolfgang) naquit à Francfort-sur-le-Mein en 1749, et se trouve par conséquent aujourd'hui dans sa quatre-vingt-unième année. Son enfance fut plus précoce que celle de Klopstock ; cependant je ne rapporterai pas les singulières anecdotes que les biographes allemands se plaisent à en raconter. Je me méfie beaucoup de ces traits merveilleux de l'enfance des grands hommes, sur lesquels on s'étend d'ordinaire avec tant de complaisance, et où l'on veut voir contenu tout leur avenir ; pourtant il est une anecdote des premières années de Goëthe, racontée par lui-même, dans ses Mémoires, avec tant d'agrément que je ne puis résister à l'envie de la citer, mais je me garderai bien d'en tirer des conséquences, on la prendra pour ce que l'on voudra :

« A six ans, le terrible désastre de Lisbonne avait suscité dans cette jeune âme des doutes momentanés sur la bonté divine. A moins de sept ans il conçut la pensée de s'approcher immédiatement de ce grand Dieu de la nature, créateur et conservateur du ciel et de la terre, dont les bontés infinies lui avaient eu bientôt fait oublier les signes de son courroux. « Le moyen
» que j'employai, dit-il, était assez singu-
» lier...... Ne pouvant me figurer cet Être
» suprême, je le cherchai dans ses œuvres,
» et je voulus, à la manière des patriar-
» ches, lui élever un autel. Des produc-
» tions de la nature devaient me servir à
» représenter le monde, et une flamme
» allumée pouvait figurer l'âme de l'homme
» s'élevant vers son Créateur. Je choisis
» donc les objets les plus précieux dans la
» collection des raretés naturelles que j'a-
» vais sous la main. La difficulté était de
» les disposer de manière à en former un
» petit édifice. Mon père avait un beau

« pupitre de musique en laque rouge à
» quatre faces, orné de fleurs d'or, et en
» forme de pyramide, pour exécuter des
» quartetti; on s'en servait peu depuis quel-
» que temps: je m'en emparai. J'y disposai,
» par gradation, les uns au-dessus des au-
» tres, mes échantillons d'histoire natu-
» relle, de manière à leur donner un ordre
» clair et significatif. C'était au lever du
» soleil que je voulais offrir mon premier
» acte d'adoration. Je n'étais pas encore
» décidé sur la manière dont je produirais
» la flamme symbolique qui devait en même
» temps exhaler un parfum délicieux. Je
» réussis enfin à accomplir ces deux condi-
» tions de mon sacrifice. J'avais à ma dis-
» position de petits grains d'encens : ils
» pouvaient, sinon jeter une flamme, au
» moins luire en brûlant et répandre une
» odeur agréable. Cette douce lueur d'un
» parfum allumé exprimait même mieux
» à mon gré ce qui se passe en notre âme
» dans un pareil moment. Le soleil était

» déjà levé depuis long-temps; mais les
» maisons voisines en interceptaient encore
» les rayons. Il s'éleva enfin assez pour que
» je pusse, à l'aide d'un miroir ardent,
» allumer mes grains d'encens, artistement
» disposés dans une belle tasse de porce-
» laine. Tout réussit selon mes vœux : ma
» piété fut satisfaite, mon autel devint le
» principal ornement de la chambre où il
» était placé. Les autres n'y voyaient
» qu'une collection de curiosités naturelles,
» distribuée avec ordre et élégance, moi
» seul j'en connaissais la destination. Je
» voulus renouveler ma pieuse cérémonie;
» malheureusement quand le soleil se mon-
» tra, je n'avais pas sous la main de tasse
» de porcelaine; je plaçai mes grains
» d'encens au haut du pupitre; je les
» allumai; mais j'étais tellement absorbé
» dans mon recueillement, que je ne m'a-
» perçus du dégât causé par mon sacri-
» fice que lorsqu'il n'était plus temps d'y
» porter remède. Les grains d'encens

» avaient, en brûlant, couvert de taches
» noires la belle laque rouge et les fleurs
» d'or qui la décoraient, comme si le ma-
» lin esprit, chassé par mes prières, eût
» laissé sur le pupitre les traces ineffa-
» çables de ses pieds. »

» Le jeune pontife se trouvait alors dans le plus grand embarras. Il parvint à cacher le dommage au moyen de son édifice de curiosités naturelles; mais il n'eut plus le courage de renouveler son sacrifice, et il crut trouver dans cet accident un avis du danger qu'il y avait à vouloir s'approcher de Dieu, de quelque manière que ce fût. »[1]

Le père de Goëthe, jurisconsulte distingué, destinait son fils à suivre la même carrière, et se chargea lui-même de son éducation. Il n'avait négligé qu'une chose ; c'était de consulter les goûts du jeune homme, qui cependant, comme il le rap-

[1] *Mémoires de Goëthe*, publiés par Aubert de Vitry.

porte lui-même dans ses mémoires, fit des efforts inconcevables pour s'appliquer à l'étude qu'on désirait lui voir suivre; mais c'était un de ces caractères qui n'agissent que spontanément, et qui avec les meilleures intentions possibles font toujours tout autre chose que ce qui leur est prescrit; ainsi il apprenait de lui-même la métaphysique, la géologie, la physiologie, l'anatomie, les langues étrangères, et parvenait à peine à prendre ses degrés dans la science du droit. Mais ce fut bien autre chose quand il commença à entrer dans le monde, un Klopstock lui tomba sous la main, et comme le glaive d'Achille lui révéla tout à coup sa vocation et sa destinée. Dès lors toutes les forces de son âme se tournèrent vers la littérature, et nulle époque n'était plus favorable pour l'apparition d'un homme de génie. Car Klopstock, qui avait commencé une révolution si brillante, était loin de l'avoir terminée; il avait éveillé partout une soif de poésie, un désir de bons ouvrages qui risquait de s'éteindre faute d'aliments; en vain tout l'essaim des poëtes en sous ordre aspirait à continuer le grand homme, sa puissante voix qui avait remué l'Allemagne ne trouvait plus que de faibles échos et pas une voix capable de répondre à son appel.

Le génie n'aperçoit pas un chaos sans qu'il lui prenne envie d'en faire un monde; ainsi Goëthe s'élança avec délices parmi toute cette confusion, et son premier ouvrage *Goetz de Berlichingen* fixa tous les regards sur lui. C'était en 1773, il avait alors vingt-quatre ans. Ce drame national qui ouvrit à la scène allemande une nouvelle carrière, valut à son auteur d'universels applaudissements, mais comme il n'avait pu trouver de libraire pour le publier et qu'il l'avait fait imprimer lui-même, il fut embarrassé pour en payer les frais, à cause d'une contrefaçon qui lui ravit son bénéfice. Werther parut un an après, et chacun sait quel bruit fit ce roman dans

toute l'Europe: « Ce petit livre, dit Goëthe
» lui-même, fit une impression prodigieuse,
» et la raison en est simple; il parut à
» point nommé; une mine fortement char-
» gée, la plus légère étincelle suffit à l'em-
» braser : Werther fut cette étincelle. Les
» prétentions exagérées, les passions mé-
» contentes, les souffrances imaginaires,
» tourmentaient tous les esprits. Werther
» était l'impression fidèle du malaise gé-
» néral; l'explosion fut donc rapide et
» terrible. On se laissa même entrainer
» par le sujet; et son effet redoubla sous
» l'empire de ce préjugé absurde qui sup-
» pose toujours à un auteur dans l'intérêt
» de sa dignité l'intention d'instruire. On
» oubliait que celui qui se borne à raconter
» n'approuve ni ne blâme, mais qu'il tâche
» à développer simplement la succession
» des sentiments et des faits. C'est par là
» qu'il éclaire, et c'est au lecteur à réflé-
» chir et à juger. »

De ce moment commença cette sorte de

fanatisme de toute l'Allemagne pour Goëthe, qui faisait dire à madame de Staël, « que les Allemands chercheraient de l'esprit dans l'adresse d'une lettre écrite de sa main. » Les ouvrages qu'il fit paraître successivement vers cette époque peuvent, il est vrai, nous le faire comprendre, et sont maintenant assez connus en France pour que je me dispense d'en faire l'éloge; il suffit de nommer Faust, Egmont, le Tasse, etc., pour trouver des oreilles attentives. En rendre compte n'entre pas dans mon plan, et cependant je n'aurais pas autre chose à faire si je voulais donner ici la vie de Goëthe, car elle ne se compose que d'événements très-simples et qui dépendent tous de la publication de ses ouvrages. En 1775, les premiers lui avaient concilié l'amitié du duc de Saxe-Veimar : aussitôt après son avénement, ce prince l'appela auprès de lui et en fit son premier ministre. Depuis cette époque, Goëthe demeura toujours à Veimar, partageant son temps entre les affaires publiques et ses travaux littéraires, et fit de cette petite ville l'Athènes de l'Allemagne. Là se réunirent Schiller, Herder, les deux Schlegel, Stolberg, Barat, Bœttiger ; glorieux rivaux, poétique cénacle où descendait le souffle divin, où s'élaborait pour l'Allemagne un siècle de grandeur et de lumières.

Parmi les poètes créateurs de ce temps, il ne faut pas oublier Godefroy-Auguste Burger, qui, moins célèbre que Goëthe, parce qu'il n'embrassa qu'un seul genre de littérature, ne lui fut pas cependant inférieur dans ce genre. Ses poésies sont même plus populaires en Allemagne, et c'est la sorte de gloire dont il fut le plus avide, et qu'en effet les écrivains généralement paraissent estimer trop peu. Burger fut poète dès sa plus tendre enfance, mais pas autre chose. En vain son père voulut-il le forcer d'apprendre le latin; au bout de deux ans d'études il savait à peine sa première déclinaison : sa jeunesse fut très-dissipée; et ce fut au point que ses parents l'abandonnèrent, jusqu'à son retour à une vie meilleure, qui se fit assez long-temps attendre. Enfin de bons amis parvinrent à lui inspirer le goût de l'étude; et l'un d'eux, Boie, lui procura un petit emploi. Ce fut vers ce temps (1772), qu'il composa sa fameuse ballade de Lénore, qu'on chante encore dans toute l'Allemagne. Deux ans après il se maria, mais cette union ne fut pas heureuse. Après la mort de sa femme il épousa sa belle sœur, et la perdit peu de mois après. Un troisième mariage mit le comble à ses chagrins, et accéléra sa mort, qui eut lieu le 8 juin 1794. Burger a laissé des chansons, des ballades, des contes, des épigrammes, et quelques traductions fort estimées en prose et en vers. Parmi ces dernières on distingue Macbeth, que Schiller traduisit aussi.

Je viens de nommer Schiller, et c'est encore un de ces noms qu'on ne peut prononcer en France sans éveiller un concert de louanges et d'admiration. Chacun se rappelle les nombreux succès qu'obtinrent sur notre scène, même des imitations faibles de ses principaux ouvrages : Walstein, Marie Stuart, Fiesque, Jeanne d'Arc, Amour et Intrigue, Don Carlos, Guillaume Tell, tout cela nous est apparu successivement, et l'on peut dire que le drame moderne n'a rien produit de meilleur en France ni en Angleterre.

Jean Frédéric Schiller naquit, en 1759, à Marbac, petite ville de Souabe ; son père, qui était jardinier du duc de Wurtemberg, lui fit faire quelques études, jusqu'au temps où le duc de Wurtemberg le prit sous sa protection, et lui ayant fait apprendre un peu de médecine, le nomma à vingt ans par grâce singulière chirurgien de son régiment de grenadiers. Mais le jeune Schiller, qui avait peu de goût pour cette carrière, en avait pris beaucoup au contraire pour le théâtre, et composa vers ce temps, son premier ouvrage, *les Brigands*, qui fut représenté à Manhein avec un grand succès. Son protecteur cependant ne s'en émerveilla pas, et lui ordonna d'en finir avec le théâtre sous peine de perdre sa protection. Sa sévérité s'étendit jusqu'à le priver quelque temps de sa liberté : l'homme qui avait écrit *les Brigands* devait souffrir plus que tout autre d'une telle punition; aussi saisit-il avec empressement la première occasion de s'échapper, et dès ce moment la littérature fut sa seule ressource. Il se fixa à Manheim et y composa plusieurs pièces de théâtre, qui, à l'âge de vingt-quatre ans, le placèrent au premier rang des écrivains de sa patrie. C'est de cette époque (1783) que datent ses premières poésies, qui furent universellement admirées, et lui valurent une belle place auprès de Goëthe, que dans ce genre pourtant il n'effaça pas. C'est ce que ne peuvent se figurer ceux qui les lisent dans les traductions, car là Schiller est plus brillant et il reste plus de lui; mais la grâce, la naïveté, le charme de la versification, voilà ce que les traductions ne peuvent rendre, et les imitations encore moins.

Schiller fit paraître, en 1790, son *histoire de la guerre de trente ans*, qui est un des plus beaux monuments historiques que les Allemands aient produit. En 1792, sa réputation était déjà européenne et l'assemblée nationale lui déféra le titre de citoyen français; récompense alors bannale, mais qui eut une heureuse influence, s'il est vrai, comme on l'a dit, qu'il composa sa tragédie de Jeanne d'Arc, comme tribut de reconnaissance envers cette nouvelle patrie. Vers les derniers temps de sa vie, il publia un grand nombre de traductions à l'exemple de Goëthe, et mourut en terminant une version littérale de Phèdre.

Il était âgé de 45 ans, et succomba à une fièvre catarrhale que ses travaux continuels avaient aggravée. On lui demanda quelques instants avant sa mort comment il se trouvait : « Toujours plus tranquille. » Et il expira.

C'était le 9 mai 1805 : sa mort causa un deuil universel, d'autant plus profond qu'elle était moins attendue, et que le souvenir de ses sublimes travaux était encore une espérance. Ses restes ont été transférés depuis dans le tombeau des rois : une telle distinction n'ajoutera rien à sa gloire ; mais elle honore le pays et le prince qui l'ont décernée.

GÉRARD.

KLOPSTOCK.

KLOPSTOCK.

MA PATRIE.

Comme un fils qui n'a vu s'écouler qu'un petit nombre de printemps, s'il veut fêter son père, vieillard à la chevelure argentée, et tout entouré des bonnes actions de sa vie, s'apprête à lui exprimer combien il l'aime avec un langage de feu;

Il se lève précipitamment au milieu de la nuit; son âme est brûlante : il vole sur les ailes du matin, arrive près du vieillard, et puis a perdu la parole.

C'est ce que j'ai éprouvé..... J'allais te chanter, ô ma patrie! et déjà j'obéissais au vol rapide de l'inspiration, déjà ma lyre avait résonné d'elle-même, lorsque la sévère discrétion m'a fait un signe avec son bras d'airain, et soudain mes doigts ont tremblé.

Mais je ne les retiens plus : il faut que je reprenne la lyre; que je tente un essor plus audacieux, et que je cesse de taire les pensées qui consument mon âme.

O mon beau pays, ta tête se couronne d'une gloire de mille années; tu marches du pas des immortels, et tu t'avances avec orgueil à la tête de plusieurs nations! combien je t'aime, mon pays, mon beau pays!

Ah! j'ai trop entrepris, je le sens; et la lyre échappe à ma faible main...... Que tu es belle, ma patrie! De quel éclat brille ta couronne! Comme tu t'avances du pas des immortels!

Mais tes traits s'animent d'un doux sourire qui réchauffe tout mon courage. Oh! avec quelle joie, quelle reconnaissance je vais chanter que tu m'as souri!

Je me suis de bonne heure consacré à toi. A peine mon cœur eut-il senti les premiers battements de l'ambition que j'entrepris de célébrer Henri, ton libérateur, au milieu des lances et des harnois guerriers.

Mais j'ai vu bientôt s'ouvrir à moi une plus haute carrière, et je m'y suis élancé, enflammé d'un autre désir que celui de la gloire..... Elle conduit au ciel, patrie commune des mortels.

Je la poursuis toujours, et si je viens à y succomber sous le poids de la faiblesse humaine, je me détournerai, je prendrai la harpe des bardes, et j'oserai l'entretenir de ta gloire.

Tes nobles forêts bravent les coups du temps, et leur ombre protège une race nombreuse qui pense et qui agit.

Là se trouvent des hommes qui ont le coup d'œil du génie, qui font danser autour de toi des heures joyeuses, qui possèdent la baguette des fées, qui savent trouver de l'or pur et des pensées nouvelles.

Jusqu'où n'as-tu pas étendu tes rejetons nombreux ? Tantôt dans les pays où coule le Rhône, tantôt aux bords de la Tamise, et partout on les a vus croître, partout s'entourer d'autres rejetons.

Et cependant ils sont sortis de toi : tu leur as envoyé des guerriers; tes armes leur ont porté un glorieux appel, et tel a été le monument de ta victoire : LES GAULOIS S'APPELLENT FRANCS, ET LES BRETONS ANGLAIS ![1]

Tes triomphes ont encore brillé d'un plus grand éclat : l'orgueilleuse Rome avait puisé la soif des combats dans le sein d'une Louve, sa mère; depuis longtemps sa tyrannie pesait sur le monde; mais tu la renversas, ô ma patrie, la grande Rome !.... tu la renversas dans son sang !

[1] Allusion à l'origine allemande des Francs et des Anglais.

Jamais aucun pays n'a été juste comme toi envers le mérite étranger.... Ne sois pas trop juste envers eux, ô ma patrie ! ils ne sont pas capables de comprendre ce qu'il y a de grandeur dans un tel excès.

Tes mœurs sont simples et vertueuses; ton esprit est sage et profond; ta parole est puissante et ton glaive est tranchant. Cependant tu le remets volontiers dans le fourreau; et, sois-en bénie, il ne dégoutte pas du sang des malheureux.

Mais la discrétion me fait encore signe avec son bras d'airain : je me tais jusqu'à ce qu'elle me permette de chanter de nouveau. Je vais donc me recueillir en moi-même, et méditer la grande, la terrible pensée d'être digne de toi, ô ma patrie !

LES CONSTELLATIONS.

Tout chante ses louanges, les champs, les forêts, la vallée et les montagnes : le rivage en retentit ; la mer tonne sourdement le nom de l'éternel, et l'hymne reconnaissant de la nature peut à peine monter jusqu'à lui.

Et sans cesse elle chante celui qui l'a créée, et du ciel à la terre, partout sa voix résonne : parmi l'obscurité des nuages le compagnon de l'éclair glorifie le Seigneur sur la cime des arbres et sur la crête des montagnes.

Son nom est célébré par le bocage qui frémit, et par le ruisseau qui murmure, les vents l'emportent jusqu'à l'arc céleste, l'arc de grâce et de consolation que sa main tendit dans les nuages.

Et tu te tairais, toi que Dieu créa immortel! et tu resterais muet dans ce concert de louanges et d'admiration! Rends grâces au Dieu qui te fait partager son éternité!... quels que soient tes efforts, ils seront toujours indignes de lui.

Cependant chante encore, et glorifie ton bienfaiteur. Chœur éclatant qui m'entourez, je viens et je m'unis à vous, je veux partager votre ravissement et vos concerts!

Celui qui créa l'univers, qui créa là haut le flambeau d'or qui nous éclaire, ici la poudre où s'agitent des millions de vers, quel est-il? C'est Dieu! c'est Dieu! notre père! nous l'appelons ainsi, et d'innombrables voix s'unissent à la nôtre.

Oui, il créa les mondes; et là bas, le lion, qui verse de son sein des torrents de lumière: bélier, capricorne, pléiades, scorpion, cancer, vous êtes son ouvrage;

voyez la balance s'élever et descendre.... le sagittaire vise.... un éclair part.

Il se tourne; comme ses flèches et son carquois résonnent! et vous gémeaux, de quelle pure lumière vous êtes enflammés vos pieds rayonnants se lèvent pour une marche triomphante. Le poisson joue et vomit des feux éclatants.

La rose jette un rayon de feu du centre de sa couronne; l'aigle au regard flamboyant plane au milieu de ses compagnons soumis; le cigne nage, orgueilleux, le col arrondi et les au vent.

Qui t'a donné cette mélodie, ô lyre! qui donc a tendu tes cordes dorées et sonores? Tu te fais entendre, et les planètes s'arrêtant dans leur danse circulaire, viennent en roulant sur leurs orbites la continuer autour de toi.

Voici la vierge ailée en robe de fête, les mains pleines d'épis et de pampres joyeux. Voici le verseau d'où se précipitent des flots de lumière; mais Orion contemple la ceinture et non le verseau.

O si la main de Dieu te répandait sur l'autel, vase céleste! toute la création volerait en éclats, le cœur du lion se briserait auprès de l'urne desséchée, la lyre ne rendrait plus que des accents de mort, et la couronne tomberait flétrie.

Dieu a créé ces signes dans les cieux : il fit la lune plus près de notre poussière. Paisible compagne de la nuit, son doux éclat répand sur nous la sérénité; elle revient veiller toujours sur le front de ceux qui sommeillent.

Je glorifie le Seigneur, celui qui ordonna à la nuit sainte du sommeil et de la mort d'avoir des voiles et des flambeaux. Terre, tombeau toujours ouvert pour nous, comme Dieu t'a parée de fleurs!

Lorsque Dieu se lèvera pour juger, il remuera le tombeau plein d'ossements, et la terre pleine de semences! Que tout ce qui dort se réveille! La foudre environne le trône de Dieu ; l'heure du jugement sonne, et la mort a trouvé des oreilles pour l'entendre.

LES DEUX MUSES.

J'ai vu...., oh ! dites-moi, était-ce le présent que je voyais, ou l'avenir ? J'ai vu dans la lice la muse allemande avec la muse anglaise s'élancer vers une couronne.

A peine distinguait-on deux buts à l'extrémité de la carrière : des chênes ombrageaient l'un, autour de l'autre des palmiers se dessinaient dans l'éclat du soir.[1]

Accoutumée à de semblables luttes, la muse d'Albion descendit fièrement dans l'arène, ainsi qu'elle y était venue; elle y

---

[1] Le chêne est l'emblème de la poésie patriotique; et le palmier celui de la poésie religieuse qui vient de l'Orient. (*Staël.*)

avait jadis concouru glorieusement avec le fils de Méon, le chantre du Capitole.

Elle jeta un coup d'œil à sa jeune rivale, tremblante, mais avec une sorte de noblesse, dont l'ardeur de la victoire enflammait les joues et qui abandonnait aux vents sa chevelure d'or.

Déjà elle retient à peine le souffle resserré dans sa poitrine ardente, et se penche avidement vers le but.... La trompette déjà résonne à ses oreilles, et ses yeux dévorent l'espace.

Fière de sa rivale, plus fière d'elle-même, l'altière Bretonne mesure encore des yeux la fille de Thuiskon : « Je m'en souviens, dit-elle, je naquis avec toi chez les Bardes, dans la forêt sacrée ;

» Mais le bruit était venu jusqu'à moi que tu n'existais plus : pardonne, ô muse, si tu es immortelle, pardonne-moi de l'apprendre si tard; mais au but j'en serai plus sûre. »

« Le voici là bas!... Le vois-tu dans le

lointain avec sa couronne?... Oh! ce courage contenu, cet orgueilleux silence, ce regard qui se fixe à terre tout en feu.... je le connais!

» Cependant réfléchis encore avant que retentisse la trompette du héraut.... C'est moi, moi-même qui luttai naguère avec la muse des Thermopyles, avec celle des sept collines! »

Elle dit; le moment suprême est venu et le héraut s'approche : « Muse bretonne, s'écrie, les yeux ardents, la fille de la Germanie, je t'aime, oh! je t'aime en t'admirant....

» Mais moins que l'immortalité, moins que la palme de la victoire! Saisis-la avant moi, si ton génie le veut, mais que je puisse la partager et porter aussi une couronne.

» Et... quel frémissement m'agite!... Dieux immortels!.... Si j'y arrivais la première à ce but éclatant.... alors je sentirais ton haleine agiter de bien près mes cheveux épars! »

Le héraut donna le signal.... Elles s'envolèrent, aigles rapides, et la poussière, comme un nuage, les eut bientôt enveloppées.... Près du but elle s'épaissit encore, et je finis par les perdre de vue.

LES HEURES

DE L'INSPIRATION.

Je vous salue, heures silencieuses, que l'étoile du soir balance autour de mon front pour l'inspirer ! Oh ! ne fuyez point sans me bénir, sans me laisser quelques pensées divines !

A la porte du ciel, un esprit a parlé ainsi : « Hâtez-vous, heures saintes, qui dépassez si rarement les portes dorées des cieux, allez vers ce jeune homme,

» Qui chante à ses frères le Messie ; protégez-le de l'ombre bienfaisante de vos ailes, afin que solitaire il rêve l'éternité.

» L'œuvre que vous lui allez inspirer traversera tous les âges : les hommes de tous les siècles l'entendront; il élèvera leurs cœurs jusqu'à Dieu et leur apprendra la vertu. »

Il dit : le retentissement de la voix de l'esprit a comme ébranlé tous mes os, et je me suis levé, comme si Dieu passait dans le tonnerre au-dessus de ma tête, et j'ai été saisi de surprise et de joie!

Que de ce lieu n'approche nul profane, nul chrétien même s'il ne sent pas en lui le souffle prophétique! Loin de moi, enfants de la poussière :

Pensées couronnées qui trompez mille fous sans couronne, loin de moi : faites place à la vertu, noble, divine, à la meilleure amie des mortels!

Heures saintes, enveloppez des ombres de la nuit ma demeure silencieuse; qu'elle soit impénétrable pour tous les hommes; et si mes amis les plus chers s'en approchaient, faites-leur signe doucement de s'éloigner.

Seulement, si Schmied, le favori des

muses de Sion, vient pour me voir, qu'il entre.... Mais, ô Schmied, ne m'entretiens que du jugement dernier, ou de ton auguste sœur.

Elle est digne de nous comprendre et de nous juger : que tout ce qui dans nos chants n'a pas ému son cœur ne soit plus... que ce qui l'a ému vive éternel !

Cela seul est digne d'attendrir les cœurs des chrétiens, de fixer l'attention des anges qui viennent parfois visiter la terre.

A SCHMIED,

ODE ÉCRITE PENDANT UNE MALADIE DANGEREUSE. [1]

Mon ami Schmied, je vais mourir ; je vais rejoindre ces âmes sublimes, Pope, Adisson, le chantre d'Adam, réuni à celui qu'il a célébré, et couronné par la mère des hommes.

Je vais revoir notre chère Radikin, qui fut pieuse dans ses chants comme dans son cœur, et mon frère, dont la mort prématurée fit couler mes premières larmes et nous apprit qu'il y avait des douleurs sur la terre.

[1] Klopstock a fait depuis quelques changements à cette pièce. Nous avons adopté la plus courte des deux versions.

Je m'approcherai du cercle des saints anges, de ce chœur céleste où retentit sans fin l'Hosanna, l'Hosanna !

Oh ! bienfaisant espoir ! comme il me saisit, comme il agite violemment mon cœur dans ma poitrine !..... Ami, mets-y ta main.... j'ai vécu.... et j'ai vécu, je ne le regrette point, pour toi, pour ceux qui nous sont chers, pour celui qui va me juger.

Oh ! j'entends déjà la voix du Dieu juste, le son de sa redoutable balance..... si mes bonnes actions pouvaient l'emporter sur mes fautes !

Il y a pourtant une noble pensée en qui je me confie davantage. J'ai chanté le Messie, et j'espère trouver pour moi, devant le trône de Dieu, une coupe d'or toute pleine de larmes chrétiennes !

Ah ! le beau temps de mes travaux poétiques ! les beaux jours que j'ai passés près de toi ! Les premiers, inépuisables de joie, de paix et de liberté ; les derniers, empreints d'une mélancolie qui eut bien aussi ses charmes.

Mais dans tous les temps je t'ai chéri plus que ma voix, que mon regard ne peuvent te l'exprimer..... Sèche tes pleurs; laisse-moi mon courage; sois un homme, et reste dans le monde pour aimer nos amis.

Reste pour entretenir ta sœur, après ma mort, du tendre amour qui eût fait mon bonheur ici bas, si mes vœux eussent pu s'accomplir.

Ne l'attriste pas cependant du récit de ces peines inconsolées qui ont troublé mes derniers jours, et qui les ont fait écouler comme un nuage obscur et rapide.

Ne lui dis point combien j'ai pleuré dans ton sein..... et grâces te soient rendues d'avoir eu pitié de ma tristesse et d'avoir gémi de mes chagrins !

Aborde-la avec un visage calme, comme le mien l'est à l'instant suprême. Dis-lui que ma mort a été douce, que je m'entretenai d'elle, que tu as entendu de ma bouche et lu dans mes yeux presque éteints ces dernières pensées de mon cœur :

« Adieu, sœur d'un frère chéri ; fille céleste, adieu ! Combien je t'aime ! comme ma vie s'est écoulée dans la retraite, loin du vulgaire et toute pleine de toi !

» Ton ami mourant te bénit ; nulle bénédiction ne s'élèvera pour toi d'un cœur aussi sincère !

» Puisse celui qui récompense, répandre autour de toi la paix de la vertu et le bonheur de l'innocence.

» Que rien ne manque à l'heureuse destinée qu'annonçait ton visage riant en sortant des mains du Créateur, qui t'était encore inconnu, lorsqu'il nous réservait à tous deux un avenir si différent..... A toi les plaisirs de la vie, et à moi les larmes.

» Mais, au milieu de toutes tes joies, compatis aux douleurs des autres et ne désapprends pas de pleurer ;

» Daigne accorder un souvenir a cet

homme qui avait une âme élevée, et qui, si souvent par une douleur silencieuse, osa t'avertir humblement que le ciel t'avait faite pour lui.

» Bientôt emporté au pied du trône de Dieu, et tout ébloui de sa gloire, j'étendrai mes bras suppliants, en lui adressant des vœux pour toi.

» Et alors un pressentiment de la vie future, un souffle de l'esprit divin descendra sur toi, et t'inondera de délices....

» Tu lèveras la tête avec surprise, et tes yeux souriants se fixeront au ciel.... Oh! viens...... viens m'y joindre, revêtue du voile blanc des vierges, et couronnée de rayons divins!»

PSAUME.

Les lunes roulent autour des terres, les terres autour des soleils et des milliers de soleils autour du plus grand de tous : *Notre père qui êtes aux cieux !*

Tous ces mondes qui reçoivent et donnent la lumière, sont peuplés d'esprits plus ou moins forts, plus ou moins grands ; mais tous croient en Dieu, tous mettent en lui leur espérance : *Que votre nom soit sanctifié !*

C'est lui ! c'est l'Éternel, seul capable de se comprendre tout entier et de se complaire en lui-même, c'est lui qui plaça au fond du cœur de toutes ses créatures le germe du bonheur éternel : *Que votre règne arrive !*

Heureuses créatures, lui seul s'est chargé d'ordonner leur présent et leur avenir ; qu'elles sont heureuses ! que nous le sommes tous ! *Que votre volonté soit faite sur la terre comme au ciel !*

Il fait croître et grandir la tige de l'épi, il dore la pomme et le raisin avec les rayons du soleil ; il nourrit l'agneau sur la colline et dans la forêt le chevreuil : mais il tient aussi le tonnerre, et la grêle n'épargne ni la tige ni la branche, ni l'animal de la colline, ni celui de la forêt : *Donnez-nous aujourd'hui notre pain quotidien !*

Au-dessus du tonnerre et de la tempête, y a t il aussi des pécheurs et des mortels?... Là haut aussi, l'ami devient-il ennemi, la mort sépare-t-elle ceux qui s'aiment? *Pardonnez-nous nos offenses comme nous les pardonnons à ceux qui nous ont offensés !*

On ne monte au ciel, but sublime, que par des chemins difficiles : quelques-uns serpentent dans d'affreux déserts ; mais là aussi de temps en temps le plaisir a semé quelques fruits pour rafraîchir le voyageur... *Ne nous induisez pas en tentation, mais délivrez-nous du mal!*

Adorons Dieu! adorons celui qui fait rouler autour du soleil d'autres soleils, des terres et des lunes; qui a créé les esprits et préparé leur bonheur; qui sème l'épi, commande à la mort et soulage le voyageur du désert tout en le conduisant au but sublime. Oui, seigneur, nous vous adorons, car à vous est l'empire, la puissance et la gloire. *Amen.*

MON ERREUR.

J'ai voulu long-temps les juger sur des faits et non sur des paroles, et feuilletant les pages de l'histoire, j'y suivais attentivement les Français.

O toi qui venges l'humanité des peuples et des rois qui l'outragent, véridique histoire, tu m'avais fait quelquefois de ce peuple une peinture bien effrayante.

Cependant je croyais, et cette pensée m'était douce comme ces rêves dorés que l'on fait par une belle matinée, comme une espérance d'amour et de délices;

Je croyais, ô liberté! mère de tous les biens, que tu serais pour ce peuple une nouvelle providence, et que tu étais envoyée vers lui pour le régénérer.

N'es-tu plus une puissance créatrice ? ou si c'est que tu n'as pu parvenir à changer ces hommes ? leur cœur est-il de pierre et leurs yeux sont-ils assez aveuglés pour te méconnaître ?

Ton âme, c'est l'ordre; mais eux dont le cœur est de feu, s'animent et se précipitent au premier signe de la licence.

Oh! ils ne connaissent qu'elle, ils la chérissent.... et pourtant ils ne parlent que de toi, quand leur fer tombe sur la tête des innocents : oh! ton nom alors est dans toutes les bouches.

Liberté, mère de tous les biens ! n'est-ce pas encore en ton nom qu'ils ont rompu de saints traités en commençant la guerre des conquêtes.

Hélas! beau rêve doré du matin, ton éclat ne m'éblouit plus; il ne m'a laissé qu'une douleur, une douleur comme celle de l'amour trompé.

Mais quelquefois dans un désert aride, il se présente tout à coup un doux ombrage où se délasse le voyageur : telle a été pour moi Corday l'héroïne, la femme-homme.

Des juges infâmes avaient absous le monstre; elle a cassé leur jugement; elle a fait ce qu'aimeront à raconter nos neveux le visage enflammé et baigné de larmes d'admiration.

HERMANN ET TRUSNELDA.

TRUSNELDA.

Ah! le voici qui revient tout couvert de sueur, du sang des Romains et de la poussière du combat! Jamais Hermann ne m'a paru si beau, jamais tant de flamme n'a jailli de ses yeux!

Viens! je frémis de plaisir; donne-moi cette aigle et cette épée victorieuse! Viens, respire plus doucement et repose-toi dans mes bras du tumulte de la bataille!

Viens! que j'essuie ton front couvert de sueur, et tes joues toutes sanglantes! Comme elles brillent tes joues! Hermann! Hermann! Jamais Trusnelda n'eut tant d'amour pour toi!

Non, pas même le jour que dans ta demeure sauvage tu me serras pour la première fois de tes bras indomptés; je t'appartins désormais, et je pressentis dès lors que tu serais immortel un jour.

Tu l'es maintenant : qu'Auguste, dans son palais superbe, embrasse en vain l'autel de ses dieux !..... Hermann, mon Hermann est immortel !

HERMANN.

Pourquoi tresses-tu mes cheveux? Notre père est étendu mort, là, près de nous; ah! si Auguste ne se dérobait à notre vengeance, il serait déjà tombé, plus sanglant encore!

TRUSNELDA.

Laisse-moi, mon Hermann, laisse-moi tresser ta flottante chevelure, et la réunir en anneaux sous ta couronne..... Siegmar est maintenant chez les dieux; il ne faut point le pleurer, mais l'y suivre!

HERMANN

CHANTÉ PAR LES BARDES

WERDOMAR, KERDING ET DARMONT.

—

WERDOMAR.

Asseyons-nous, ô Bardes, sur ce rocher de la mousse antique et célébrons Hermann : qu'aucun ne s'approche d'ici et ne regarde sous ce feuillage qui recouvre le plus noble fils de la patrie.

Car il gît là dans son sang, lui l'effroi secret de Rome, alors même qu'elle entraînait sa Trusnelda captive, avec des danses guerrières et des concerts victorieux !

Non, ne le regardez pas, vous pleureriez de le voir étendu dans son sang; et la lyre ne doit point résonner plaintive, mais chanter la gloire de l'immortel.

KERDING.

Ma jeune chevelure est blonde encore; ce n'est que de ce jour que je porte l'épée, de ce jour que j'ai saisi la lyre et la lance... et il faut que je chante Hermann !

O pères, n'exigez pas trop d'un jeune homme : je veux essuyer mes joues humides avec ma blonde chevelure, avant d'oser chanter le plus noble des fils de Mana.

DARMONT.

Oh! je verse des pleurs de rage; et je ne les essuierai pas : coulez, inondez mes joues, larmes de la colère !

Vous n'êtes pas muettes; amis, écoutez leur langage : Malédiction sur les Romains ! Ecoute, Héla [1] : Que nul des traîtres qui l'ont égorgé ne périsse dans les combats !

[1] Divinité des enfers.

WERDOMAR.

Voyez-vous le torrent sauvage se précipiter sur les rochers ; il roule parmi ses eaux des pins déracinés et les apporte au bûcher du héros.

Bientôt Hermann ne sera que poussière, il reposera dans un tombeau d'argile, et à sa cendre nous joindrons l'épée sur laquelle il jura la perte du conquérant.

Arrête, esprit du mort, toi qui vas rejoindre Siegmar, et vois comme le cœur de ton peuple n'est rempli que de toi.

KERDING.

Oh! que Trusnelda ignore que son Hermann est étendu là dans son sang ! Ne dites pas à cette noble femme, à cette mère infortunée que le père de son Thumeliko n'est plus.

Celui qui l'apprendrait à cette femme, qui marcha un jour enchaînée devant le char de triomphe du vainqueur, celui-là aurait un cœur de Romain !

DARMONT.

Et quel père t'a engendré, malheureuse fille? Un Segestes, qui aiguisait dans l'ombre le glaive de la trahison. Ne le maudissez pas...... Héla déjà l'a condamné.

WERDOMAR.

Segestes est un nom qui doit être banni de vos chants ; que l'oubli descende sur lui : qu'il reploie ses lourdes ailes, et sommeille sur sa poussière !

Les cordes qui frémissent du nom d'Hermann seraient souillées si elles répétaient le nom du traître, même pour l'accuser.

Hermann ! Hermann ! Les bardes font retentir de ton nom l'écho des forêts mystérieuses ; toi, si cher à tous les nobles cœurs ! toi, le chef des braves, le libérateur de la patrie !

O bataille de Winsfeld, sœur de la bataille de Cannes, je t'ai vue les cheveux épars et sanglants, le feu de la vengeance dans les yeux, apparaître parmi les harpes du Valhalla !

Le fils de Drusus voulait en vain effacer les traces de ton passage en cachant dans la vallée de la mort les blancs ossements des vaincus......

Nous ne l'avons pas voulu, et nous avons bouleversé leurs sépulcres, afin que ces débris témoignassent d'un si grand jour et qu'aux fêtes du printemps ils entendissent nos chants de victoire !

Il voulait, notre héros, donner encore des sœurs à Cannes, à Varus des compagnons de mort ! sans les princes et leur lenteur jalouse, Cœcina eût déjà rejoint son chef Varus.

Il y avait dans l'âme d'Hermann une pensée plus grande encore.... Près de l'autel de Thor, à minuit, environné de chants de guerre, il se recueillit dans son âme et résolut de l'accomplir.

Et il y pensait parmi vos divertissements, pendant cette danse hardie des épées dont notre jeunesse se fait un jeu.

Le nocher vainqueur des tempêtes raconte qu'il est une montagne dans l'Océan du nord qui annonce long-temps par des tourbillons de fumée qu'elle vomira de hautes flammes et d'immenses rochers !...

Ainsi Hermann préludait par ses premiers combats à franchir les Alpes neigeuses, et à s'en aller descendre dans les plaines de Rome;

Pour mourir là!.... ou pour monter à cet orgueilleux capitole, jusqu'au tribunal de Jupiter, et demander compte à Tibère et aux ombres de ses ancêtres de l'injustice de leurs guerres !

Mais pour accomplir tout cela, il fallait qu'il portât l'épée de commandement à la tête des princes ses rivaux.... C'est pourquoi ils ont conspiré sa perte... Et le voici étendu dans son sang, celui dont le cœur renfermait une pensée si patriotique!

DARMONT.

As-tu compris, Héla! mes pleurs de rage? As-tu écouté leurs prières, Héla! vengeresse Héla?

KERDING.

Dans les campagnes dorées du Walhalla, Siegmar rajeuni recevra son jeune Hermann, une palme à la main, et accompagné de Thuiskon et de Mana....

WERDOMAR.

Siegmar accueillera son fils avec tristesse; car Hermann ne pourra plus aller au tribunal de Jupiter accuser Tibère et les ombres de ses ancêtres!

GOËTHE.

GOËTHE.

MA DÉESSE.

Laquelle doit-on priser le plus entre toutes les filles du ciel? Je laisse à chacun son opinion; mais je préférerai, moi, cette fille chérie de Dieu, éternellement mobile et toujours nouvelle, l'imagination.

Car il l'a douée de tous les caprices joyeux qu'il s'était réservés à lui seul et la folle déesse fait aussi ses délices.

Soit qu'elle aille, couronnée de roses, un sceptre de lis à la main, errer dans les plaines fleuries, commander aux papillons et comme l'abeille s'abreuver de rosée dans le calice des fleurs;

Soit qu'elle aille, toute échevelée et le regard sombre, s'agiter dans les vents à l'entour des rochers, puis se montrer aux hommes peinte des couleurs du matin et du soir, changeante comme les regards de la lune.

Remercions tous notre père du ciel, qui nous donna pour compagne, à nous pauvres humains, cette belle, cette impérissable amie !

Car il l'a unie à nous seuls par des nœuds divins, et lui a ordonné d'être notre épouse fidèle dans la joie comme dans la peine, et de ne nous quitter jamais.

Toutes les autres misérables espèces qui habitent cette terre vivante et féconde, errent au hasard, cherchant leur nourriture au travers des plaisirs grossiers et des douleurs amères d'une existence bornée, et courbées sans cesse sous le joug du besoin.

Mais nous, il nous a accordé sa fille bien aimée ; réjouissons-nous ! et traitons-la comme une maîtresse chérie ; qu'elle occupe la place de la dame de la maison.

Et que la sagesse, cette vieille marâtre, se garde bien de l'offenser.

Je connais sa sœur aussi : moins jeune, plus posée, elle est ma paisible amie. Oh! puisse-t-elle ne jamais me quitter avant que ma vie ne s'éteigne, celle qui fit si longtemps mon bonheur et ma consolation! l'espérance!

COMPLAINTE

DE LA

NOBLE FEMME D'AZAN-AGA ;

IMITÉE DU MORLAQUE.

—

Qu'aperçoit-on de blanc, là bas, dans la verte forêt?.. De la neige ou des cygnes? Si c'était de la neige, elle serait fondue; des cygnes, ils s'envoleraient. Ce n'est pas de la neige, ce ne sont pas des cygnes, c'est l'éclat des tentes d'Azan-Aga. C'est là qu'il est couché, à cause de ses blessures; sa mère et sa sœur sont venues le visiter; une excessive timidité retient sa femme de se montrer à lui.

Mais ses blessures vont beaucoup mieux

et il envoie dire ceci à son épouse fidèle :
« Ne m'attends plus à ma cour, tu ne m'y verras plus, ni parmi les miens. »

Lorsque l'épouse eût reçu ces dures paroles, elle resta stupide et profondément affligée : voilà qu'elle entendit les pas d'un cheval devant la porte ; elle crut que c'était son époux Azan qui venait, et monta dans sa tour pour s'en précipiter à sa vue. Mais ses deux filles s'élancèrent effrayées sur ses pas en pleurant des larmes amères : « Ce n'est point le cheval de notre père Azan, c'est ton frère Pintorowich qui vient. »

Et l'épouse d'Azan court au devant de son frère, l'entoure des ses bras en gémissant : « Vois la honte, mon frère, où ta sœur est réduite.... il m'a abandonnée !... la mère de cinq enfants ! »

Le frère se tait, il tire de sa poche la lettre de séparation, enveloppée de soie rouge, qui renvoie l'épouse à sa mère, et la laisse libre de se donner à un autre.

L'épouse, après avoir connu ce triste message, baise au front ses deux fils, ses deux filles aux joues ; mais hélas ! au moment de quitter son dernier enfant encore à la mamelle, sa douleur redouble et elle ne peut faire un pas.

Le frère, impatient, l'enlève, la met en croupe sur son cheval, et se hâte avec cette femme éplorée vers la demeure de ses pères.

Peu de temps s'était écoulé, pas encore sept jours, mais c'était bien assez, que déjà plusieurs nobles seigneurs s'étaient présentés pour consoler notre veuve et la demander en mariage.

Et même le puissant cadi d'Imoski : et la femme fit en pleurant cette prière à son frère : « Je t'en conjure par ta vie, ne me donne pas à un autre époux, de peur qu'ensuite la vue de mes pauvres enfants ne me brise le cœur. »

Le frère ne s'émut point de ces paroles, décidé à la donner au cadi d'Imoski ; mais la vertueuse femme le supplia enfin pour toute grâce d'envoyer au cadi un billet qui contenait ces mots : La jeune veuve te salue amicalement, et par la présente lettre te supplie avec respect que lorsque tu viendras accompagné de tes esclaves, tu lui apportes un long voile, afin qu'elle s'en enveloppe en passant devant la maison d'Azan, et qu'elle ne puisse pas y voir ses enfants chéris. »

A peine le cadi eut-il lu cet écrit, qu'il assembla tous ses esclaves, et se prépara à aller au-devant de sa veuve avec le voile qu'elle demandait.

Il arriva heureusement à la demeure de la princesse, elle en ressortit heureusement avec lui. Mais lorsqu'elle passa devant la maison d'Azan, les enfants reconnurent leur mère, et l'appelèrent ainsi : « Reviens, reviens dans ta maison, viens manger le pain du soir avec tes enfants ! » L'épouse d'Azan fut toute émue de ces paroles, elle se tourna vers le prince : « Permets que les esclaves et les chevaux s'arrêtent devant cette porte chérie, afin que je fasse encore quelques dons à mes petits enfants. »

Et ils s'arrêtèrent devant cette porte chérie ; et elle fit des dons à ses pauvres enfants ; elle donna aux garçons des bottines brodées en or, aux filles de riches habits, et au petit qui s'agitait dans son berceau une robe qu'il mettrait quand il serait plus grand.

Azan-Aga était caché et voyait tout cela, et rappela ses enfants d'une voix émue : « Revenez à moi, mes pauvres petits, le cœur de votre mère s'est glacé, il s'est tout à fait fermé, et ne sait plus compatir à nos peines. »

L'épouse d'Azan entendit cela, elle se précipita à terre toute blême, et la vie abandonna son cœur déchiré, lorsqu'elle vit ses enfants fuir devant elle.

L'AIGLE ET LA COLOMBE.

—

Un jeune aigle avait pris son vol pour chercher sa proie; la flèche d'un chasseur l'atteint et lui coupe le tendon de l'aile droite. Il tombe dans un bois de myrthes, où, pendant trois jours il dévore sa douleur, pendant trois longues nuits il s'abandonne à la souffrance. Enfin le baume universel le soulage, le baume de la bienfaisante nature : il se glisse hors du bois, et agite ses ailes.... Hélas! c'en est fait! le tendon est coupé! à peine peut-il raser la surface de la terre pour chasser une vile proie; profondément affligé, il va se poser sur une humble pierre, au bord d'un ruisseau; il lève ses regards vers le chêne, vers le ciel, et puis une larme a mouillé son œil superbe.

Voilà que deux colombes qui folâtraient parmi les myrthes, viennent s'abattre près de lui, elles errent en sautillant sur le sable doré, traversent côte à côte le ruisseau, et leur œil rouge qui se promène au hasard autour d'eux se fixe enfin sur l'oiseau affligé. Le mâle, à qui cette vue inspire un intérêt mêlé de curiosité, presse son essor vers le bosquet le plus voisin et regarde l'aigle avec un air de complaisance et d'amitié :

« Tu es triste, ami, reprends courage : n'as-tu pas autour de toi tout ce qu'il faut pour un bonheur tranquille; des rameaux d'or te protègent contre les feux du jour : tu peux sur la tendre mousse qui borde le ruisseau exposer ta poitrine aux rayons du couchant. Tu promèneras tes pas parmi les fleurs couvertes d'une fraîche rosée : ce bois t'offrira une nourriture délicate et abondante, ce ruisseau pur apaisera ta soif.... O mon ami ! le vrai bonheur est dans la modération, et la modération trouve partout ce qu'il lui faut. » — « O sage! s'écria l'aigle en retombant sur lui-même avec une douleur plus sombre; ô sagesse! tu parles bien comme une colombe! »

LE CHERCHEUR DE TRÉSORS.

Pauvre d'argent, malade de cœur, je traîne ici des jours bien longs; la misère est le plus grand des maux, la richesse le premier des biens! il faut que je mette fin à mes peines, que je découvre un trésor... Dussé-je pour cela sacrifier mon âme et signer ma perte avec mon sang!

Et je me mis à tracer des cercles et des cercles encore; une flamme magique les parcourut bientôt; alors je mêlai ensemble des herbes et des ossements, et le mystère fut accompli. Je creusai la terre à la place indiquée par les flammes, sûr d'y rencontrer un vieux trésor.... La nuit autour de moi était noire et orageuse.

Et je vis une lumière de loin, c'était

comme une étoile qui s'avançait du bout de l'horison : minuit sonna, elle se rapprocha de plus en plus, et je distinguai bientôt que cette clarté éblouissante était produite par une coupe enchantée que portait un bel enfant.

Des yeux d'une douceur infinie étincelaient sous sa couronne de fleurs; il entra dans mon cercle magique, tout resplendissant de l'éclat du vase divin qu'il portait, et m'invita gracieusement à y boire ; et je me dis : « Cet enfant, avec sa boisson merveilleuse, ne peut être l'esprit malin.

« Bois, me dit-il, bois le désir d'une vie plus pure, et tu comprendras mes avis : ne reviens plus en ces lieux tourmenté d'une fatale avidité, n'y creuse plus la terre dans une espérance coupable; travaille le jour, réjouis-toi le soir; passe les semaines dans l'activité, les fêtes dans la joie, et des changements magiques s'opéreront dans ton existence. »

CONSOLATION

DANS LES LARMES.

Comment es-tu si triste au milieu de la commune joie? On voit à tes yeux que sûrement tu as pleuré.

— Si j'ai pleuré solitaire, c'est d'une douleur qui n'afflige que moi; et les larmes que je verse sont si douces qu'elles me soulagent le cœur.

Viens! de joyeux amis t'invitent, viens reposer sur notre sein, et quelque objet que tu aies perdu, veuille nous confier ta perte.

— Parmi tout votre bruit, tout votre tumulte, vous ne pouvez comprendre ce qui fait mon tourment : hé bien! non, je n'ai rien perdu, quel que soit ce qui me manque !

Alors relève-toi, jeune homme ! à ton âge l'on a des forces, et du courage pour acquérir.

— Oh ! non, je ne puis l'acquérir ! ce qui me manque est trop loin de moi..... C'est quelque chose d'aussi élevé, d'aussi beau que les étoiles du ciel !

Les étoiles, on ne peut pas les désirer ; on jouit de leur éclat, on les contemple avec ravissement, lorsque la nuit est claire.

— Oui je contemple le ciel avec ravissement, pendant des jours entiers : oh ! laissez-moi pleurer la nuit, aussi long-temps que je pourrai pleurer !

LE ROI DES AULNES.

Qui voyage si tard par la nuit et le vent?... C'est le père et son fils, petit garçon, qu'il serre dans ses bras pour le garantir de l'humidité, et le tenir bien chaud.

—«Mon enfant, qu'as-tu à cacher ton visage avec tant d'inquiétude?—Papa, ne vois-tu pas le roi des Aulnes?... Le roi des Aulnes, avec sa couronne et sa queue?— Rien, mon fils, qu'une ligne de brouillard. »

—«Viens, charmant enfant, viens avec moi... A quels beaux jeux nous jouerons ensemble; il y a de bien jolies fleurs sur les bords du ruisseau, et chez ma mère, des habits tout brodés en or!»

—« Mon père, mon père, entends-tu ce que le roi des Aulnes me promet tout bas? —Sois tranquille, enfant, sois tranquille; c'est le vent qui murmure parmi les feuilles séchées. »

—« Beau petit, viens avec moi! mes filles t'attendent déjà : elles dansent la nuit, mes filles; elles te caresseront, joueront et chanteront pour toi.»

—« Mon père, mon père, ne vois-tu pas les filles du roi des Aulnes, là-bas où il fait sombre? —Mon fils, je vois ce que tu veux dire.... Je vois les vieux saules, qui sont tout gris!»

—« Je t'aime, petit enfant, ta figure me charme; viens avec moi de bonne volonté, ou de force je t'entraine. »—« Mon père! mon père! il me saisit, il m'a blessé, le roi des Aulnes! »

Le père frissonne, il précipite sa marche, serre contre lui son fils qui respire péniblement, atteint enfin sa demeure...... L'enfant était mort dans ses bras.

L'ÉLÈVE SORCIER.

Le vieux maître est enfin sorti, et je prétends que ses génies fassent aussi ma volonté. J'ai bien remarqué les signes et les paroles qu'il emploie, et j'aurai bien la hardiesse de faire comme lui des miracles.

« Allons ! allons ! vite à l'ouvrage : que l'eau coule dans ce bassin, et qu'on me l'emplisse jusqu'aux bords ! »

Approche donc, vieux balai : prends-moi ces haillons ; depuis long-temps tu es fait au service, et tu te soumettras aisément à devenir mon valet. Tiens-toi debout sur deux jambes, lève la tête, et vas vite, vas donc ! me chercher de l'eau dans ce vase.

« Allons ! allons ! vite à l'ouvrage : que l'eau coule dans ce bassin, et qu'on me l'emplisse jusqu'aux bords ! »

Tiens ! le voilà qui court au rivage !.... Vraiment il est au bord de l'eau !.... Et puis il revient accomplir mon ordre avec la vitesse de l'éclair !... Une seconde fois !... Comme le bassin se remplit ! Comme les vases vont et viennent bien sans répandre !

Attends donc ! Attends donc ! ta tâche est accomplie ! Hélas ! mon Dieu ! mon Dieu !.... j'ai oublié les paroles magiques !

Ah ! ce mot, il était à la fin, je crois ; mais quel était-il ? Le voilà qui revient de nouveau ! Cesseras-tu, vieux balai !... Toujours nouvelle eau qu'il apporte plus vite encore !.... Hélas ! quelle inondation me menace !

Non, je ne puis plus y tenir.... il faut que je l'arrête..... Ah ! l'effroi me gagne !.... Mais quel geste, quel regard me faut-il employer ?

Envoyé de l'enfer, veux-tu donc noyer

toute la maison? Ne vois-tu pas que l'eau se répand partout à grands flots? Un imbécille de balai qui ne comprend rien! Mais bâton que tu es, demeure donc en repos!

Tu ne veux pas t'arrêter, à la fin!.... Je vais, pour t'apprendre, saisir une hache, et te fendre en deux!

Voyez-vous qu'il y revient encore! Comme je vais me jeter sur toi, et te faire tenir tranquille!.... Oh! oh! ce vieux bâton se fend en craquant!.... C'est vraiment bien fait : le voici en deux, et maintenant je puis espérer qu'il me laissera tranquille.

Mon Dieu! mon Dieu! les deux morceaux se transforment en valets droits et agiles!.... Au secours, puissance divine!

Comme ils courent! Salle, escaliers, tout est submergé! Quelle inondation!.... O mon seigneur et maître, venez donc à mon aide! Ah! le voilà qui vient! — Maître, sauvez-moi du danger : j'ai osé évoquer vos esprits, et je ne puis plus les retenir.

— « Balai ! balai ! à ton coin ! et vous, esprits, n'obéissez désormais qu'au maître habile qui vous fait servir à ses vastes desseins. »

LE VOYAGEUR.

LE VOYAGEUR.

Dieu te bénisse, jeune femme, et l'enfant que nourrit ton sein! Laisse-moi, sur ces rochers, à l'ombre de ces ormes, déposer mon fardeau, et me délasser près de toi.

LA FEMME.

Quel motif te fait, pendant la chaleur du jour, parcourir ce sentier poudreux? Apportes-tu des marchandises de la ville pour les vendre dans ces contrées? Tu souris, étranger, de cette question.

LE VOYAGEUR.

Je n'apporte point de marchandises de

la ville. Mais le soir va bientôt répandre sa fraîcheur; montre-moi, aimable jeune femme, la fontaine où tu te désaltères.

LA FEMME.

Voici un sentier dans les rochers.... Monte devant : ce chemin parmi les broussailles conduit à la chaumière que j'habite, à la fontaine où je me désaltère.

LE VOYAGEUR.

Des traces de la main industrieuse de l'homme au milieu de ces buissons! Ce n'est pas toi qui as uni ces pierres, ô nature, si riche dans ton désordre!

LA FEMME.

Encore plus haut!

LE VOYAGEUR.

Une architrave couverte de mousse! je te reconnais, esprit créateur! tu as imprimé ton cachet sur la pierre!

LA FEMME.

Monte toujours, étranger !

LE VOYAGEUR.

Voici que je marche sur une inscription... Et ne pouvoir la lire ! vous n'êtes plus, ô paroles si profondément ciselées dans la pierre, et qui deviez rendre témoignage devant mille générations de la piété de votre auteur !

LA FEMME.

Tu t'étonnes, étranger, de voir ces pierres; autour de ma chaumière il y en a bien d'autres !

LE VOYAGEUR.

Là haut ?

LA FEMME.

Sur la gauche, en traversant les buissons.... Ici.

LE VOYAGEUR.

O muses! ô grâces!

LA FEMME.

C'est ma chaumière.

LE VOYAGEUR.

Les débris d'un temple!

LA FEMME.

Et plus bas, sur le côté, coule la source où je me désaltère.

LE VOYAGEUR.

Tu vis encore sur ta tombe, divin génie! ton chef-d'œuvre s'est écroulé sur toi, ô immortel!

LA FEMME.

Attends, je vais te chercher un vase pour boire.

LE VOYAGEUR.

Le lierre revêt maintenant tes créations légères et divines : — Comme tu t'élances du sein de ces décombres, couple gracieux de colonnes, et toi, leur sœur, là-bas solitaire!.... la tête couverte de mousse, vous jetez sur vos compagnes, à vos pieds renversées, un regard triste, mais majestueux! La terre, les débris, nous les cachent; des ronces et de hautes herbes les couvrent encore de leur ombre : estimes-tu donc si peu, ô nature, les chefs-d'œuvre de ton chef-d'œuvre? Tu ruines sans pitié ton propre sanctuaire, et tu y sèmes le chardon!

LA FEMME.

Comme mon petit garçon dort bien! étranger, veux-tu te reposer dans la chaumière, ou si tu préfères rester ici à l'air? Il fait frais. Prends le petit, que j'aille te chercher de l'eau. — Dors, mon enfant, dors!

LE VOYAGEUR.

Que son sommeil est doux! comme il respire paisiblement et dans sa brillante santé!.... Toi qui naquis sur ces restes saints du passé, puisse son génie venir reposer sur toi! Celui que son souffle caresse saura comme un Dieu jouir de tous les jours! Tendre germe, fleuris, sois l'honneur du superbe printemps, brille devant tous tes frères, et quand tes fleurs tomberont fanées, qu'un beau fruit s'élève de ton sein, pour mûrir aux feux du soleil!

LA FEMME.

Que Dieu te bénisse! — Et il dort encore? Mais je n'ai avec cette eau fraîche qu'un morceau de pain à t'offrir!

LE VOYAGEUR.

Je te remercie. Comme tout fleurit autour de nous, et reverdit!

LA FEMME.

Mon mari va bientôt revenir des champs : ô reste, étranger, reste pour manger avec nous le pain du soir !

LE VOYAGEUR.

C'est ici que vous habitez !

LA FEMME.

Oui, là parmi ces murs : mon père a bâti la chaumière avec des tuiles et des décombres, et nous y demeurons depuis. Il me donna à un laboureur, et mourut dans nos bras. — As-tu bien dormi, mon amour ? Comme il est gai, comme il veut jouer, le petit fripon !

LE VOYAGEUR.

O nature inépuisable ! tu as créé toules êtres pour jouir de la vie ! tu as partagé ton héritage à tous tes enfants comme une bonne mère.... A chacun une habitation. L'hirondelle bâtit son nid dans les donjons, et s'inquiète peu des ornements que cache son ouvrage. La chenille file autour de la branche dorée un asile d'hiver pour ses œufs; et toi, homme! tu te bâtis une chaumière avec les débris sublimes du passé....... Tu jouis sur des tombes! — Adieu, heureuse femme.

LA FEMME.

Tu ne veux donc pas rester?

LE VOYAGEUR.

Dieu vous garde! Dieu bénisse votre enfant!

LA FEMME.

Je te souhaite un heureux voyage.

LE VOYAGEUR.

Où me conduira ce sentier que j'aperçois sur la montagne?

LA FEMME.

A Cumes.

LE VOYAGEUR.

Y a-t-il encore loin?

LA FEMME.

Trois bons milles.

LE VOYAGEUR.

Adieu. — Guide mes pas, nature, le pas d'un étranger sur ces tombeaux sacrés d'autrefois : guide-moi vers une retraite qui me protége contre le vent du nord, où un bois de peupliers me garde des rayons brûlants du midi; et quand le soir je rentrerai dans ma chaumière, le visage doré des derniers feux du soleil, fais que j'y trouve une pareille femme avec un enfant dans ses bras.

LE BARDE.

—

« Qu'entends-je là bas à la porte? qui chante sur le pont-levis? il faut que ces chants se rapprochent de nous et résonnent dans cette salle. » Le roi dit, un page court; le page revient et le roi crie : « Que l'on fasse entrer le vieillard! »

« — Salut, nobles seigneurs, salut aussi, belles dames : je vois ici le ciel ouvert, étoiles sur étoiles! Qui pourrait en dire les noms? Mais dans cette salle, toute pleine de richesses et de grandeur, fermez vous, mes yeux, ce n'est point le moment d'admirer.

Le Barde ferme les yeux, et sa puissante voix résonne.... Les chevaliers lèvent des yeux en feu; les dames baissent leurs doux regards. Le roi, charmé, envoie chercher une chaîne d'or pour récompenser un si beau talent.

« — Une chaîne à moi! donnez-en à vos chevaliers, dont la valeur brise les lances ennemies : donnez à votre chancelier ce fardeau précieux pour qu'il l'ajoute aux autres qu'il porte. »

« Je chante, moi, comme l'oiseau chante dans le feuillage; que des sons mélodieux s'échappent de mes lèvres, voilà ma récompense; cependant j'oserai vous faire une prière, une seule; qu'on me verse du vin dans la plus belle coupe, une coupe d'or pur. »

Il approche la coupe de ses lèvres, il boit : « O liqueur douce et rafraîchissante! heureuse la maison où un tel don est peu de chose! Mais dans le bonheur, songez à moi!..... Vous remercierez Dieu d'aussi bon cœur que je vous remercie pour cette coupe de vin. »

LE ROI DE THULÉ.

BALLADE.

Il était un roi de Thulé qui fut fidèle jusqu'au tombeau, et à qui son amie mourante fit présent d'une coupe d'or.

Cette coupe ne le quitta plus; il s'en servait à tous ses repas, et chaque fois qu'il y buvait, ses yeux s'humectaient de larmes.

Et lorsqu'il sentit son heure approcher, il compta ses villes, ses trésors, et les abandonna à ses héritiers, mais il garda sa coupe chérie.

Il s'assit à sa table royale, entouré de ses chevaliers, dans la salle antique d'un palais que baignait la mer.

Ensuite il se leva, vida le vase sacré pour la dernière fois, et puis le lança dans les ondes.

Il le vit tomber, s'emplir, disparaître, et ses yeux s'éteignirent soudain........ Et, depuis, il ne but plus une goutte !

LES MYSTÈRES.

DÉDICACE.

Le matin parut et ses pas chassèrent le doux sommeil qui m'enveloppait mollement; je me réveillai, et quittai ma paisible demeure; je me dirigeai vers la montagne, le cœur tout rajeuni. A chaque pas, des fleurs brillantes, penchant la tête sous la rosée, venaient réjouir mes regards; le jour nouveau s'emparait du monde avec transport, et tout se ranimait pour ranimer mon âme.

Et comme je montais, un brouillard se détacha de la surface du fleuve de la prairie, et s'y répandit en bandes grisâtres. Bientôt il s'éleva, s'épaissit et voltigea autour de moi. Là, disparut la belle perspective qui me ravissait; un voile sombre enveloppa la contrée, et j'étais comme enseveli dans les nuages, comme isolé dans le crépuscule.

Tout à coup, le soleil sembla percer la nue : un doux rayon la divisa et se répandit bientôt victorieux autour des bois et des collines. Avec quel plaisir je saluai le retour du soleil; il me semblait plus beau après avoir été obscurci, et son triomphe n'était pas accompli encore, que déjà j'étais tout ébloui de sa gloire.

Une puissance secrète rendit la force à mon âme, et je rouvris les yeux; mais ce ne put être qu'un regard furtif, car le monde ne me paraissait plus que flamme et qu'éclat : puis une figure divine voltigeait devant moi parmi les nuages.... Jamais je n'ai vu de traits plus gracieux... Elle me regarda et s'arrêta, mollement balancée par la brise.

« Ne me reconnais-tu pas, dit-elle avec une voix pleine d'intérêt et de confiance; ne me reconnais-tu pas, moi qui répandis tant de fois un baume céleste sur les blessures de ton âme; moi qui me suis attaché ton cœur par d'éternels liens, que je resserrais toujours et toujours? Ne t'ai-je pas vu répandre bien des larmes d'amour, lorsque tout enfant encore, tu me poursuivais avec tant de zèle? »

— « Oui, m'écriai-je, tombant de joie à ses pieds, que de fois j'ai ressenti tes bienfaits ! Tu m'as accordé souvent la consolation et le repos, quand toutes les passions de la jeunesse se disputaient mon corps et ma vie! Que de fois, dans cette saison dévorante tu as rafraîchi mon front de ton souffle divin, tu m'as comblé des dons les plus précieux, et c'est de toi que j'attends encore tout mon bonheur.

» Je ne te nomme pas : car je t'entends nommer par bien d'autres qui te disent à eux ; tous les regards se dirigent vers toi, mais ton éclat fait baisser presque tous les yeux : hélas! quand je m'égarais aussi, j'avais bien des rivaux; depuis que je te connais, je suis presque seul. Mais il faut que je me félicite en moi-même d'un tel bonheur; et que je renferme avec soin la lumière dont tu m'as éclairé. »

Elle sourit et dit : « Tu vois comme il est nécessaire que je ne me dévoile aux hommes qu'avec prudence; toi-même, à peine es-tu capable d'échapper à la plus grossière illusion; à peine deviens-tu maître de tes premières volontés, que tu te crois aussitôt plus qu'un mortel, et que tu te révoltes contre tes devoirs d'homme ! Pourquoi donc te distingues-tu des autres? Connais-toi, et tu vivras en paix avec le monde. »

— « Pardonne, m'écriai-je, je reconnais ma faute. Pourquoi aurais-je en vain les yeux ouverts? Une volonté franche anime tout mon être, je reconnais enfin tout le prix de tes dons; désormais je veux être utile à mes semblables, en n'ensevelissant pas la source où j'ai puisé : pourquoi donc aurais-je frayé des sentiers nouveaux, si je ne devais pas les indiquer à mes frères. »

Et je parlais encore, quand la déesse me jeta un regard de compassion; je cherchais à y lire ce qu'il y avait eu dans mes paroles d'erreur ou de vérité : elle sourit et je me rassurai; un nouvel espoir monta vers mon cœur, et je pus m'approcher d'elle avec plus de confiance, afin de la contempler mieux.

Elle étendit la main à travers les nuages légers et la vapeur qui l'entouraient, et ce qui restait de brouillard acheva de se dissiper; mes yeux purent de nouveau pénétrer dans la vallée, le ciel était pur... la divine apparition se balançait seule dans les airs, et son voile transparent s'y déroulait en mille plis.

« Je te connais, je connais tes faiblesses, je sais aussi tout ce qu'il y a de bon en toi. » Telles furent ses paroles, qu'il me semblera toujours entendre : Écoute maintenant ce que j'ai à te dire; il ne faut point t'enorgueillir de mes dons, mais les recevoir avec une âme calme : comme le soleil dissipe les brouillards du matin, ainsi la seule vérité peut arracher le voile qui couvre la beauté des muses. »

Et ne le jetez au vent, toi et tes amis, que pendant la chaleur du jour; alors la brise du soir vous apportera le frais et le parfum des fleurs, alors s'apaisera le vent des passions humaines ; des nuages légers rafraîchiront les airs, le jour sera doux et la nuit sera pure. »

« Venez vers moi, amis, quand le fardeau de la vie vous semblera trop lourd ; et la prospérité répandra sur vous ses fleurs brillantes et ses fruits d'or; et nous marcherons réunis vers un nouveau jour, ainsi le bonheur accompagnera notre vie et notre voyage, et quand il nous faudra finir, nos derniers neveux, tout en pleurant notre perte, jouiront encore des fruits de notre amour.

SCHILLER.

SCHILLER.

LA CHANSON DE LA CLOCHE.

» Le moule d'argile s'est affermi dans la
» terre qui l'environne : aujourd'hui la clo-
» che doit naître. Compagnons, vite au tra-
» vail ! Que la sueur baigne vos fronts
» brûlants.... L'œuvre honorera l'ouvrier,
» si la bénédiction d'en haut l'accompa-
» gne. »

Mêlons des discours sérieux au travail
sérieux que nous entreprenons; de sages
paroles en adouciront la peine. Observons
attentivement le noble résultat de nos
faibles efforts : honte à l'être stupide qui
ne peut pas comprendre l'ouvrage de ses

mains ! C'est le raisonnement qui ennoblit l'homme en lui dévoilant le motif et le but de ses travaux.

« Prenez du bois de sapin bien séché :
» la flamme en sera chassée dans les tubes
» avec plus de violence. Qu'un feu actif
» précipite l'alliage du cuivre et de l'étain,
» afin que le bronze fluide se répande en-
» suite dans le moule. »

Cette cloche, qu'à l'aide du feu, nos mains auront formée dans le sein de la terre, témoignera souvent de nous dans sa haute demeure. Elle va durer bien des jours, ébranler bien des oreilles, soit qu'elle se lamente avec les affligés, soit qu'elle unisse ses accents à ceux de la prière : tout ce que l'inconstante destinée réserve aux mortels, elle le racontera de sa bouche d'airain.

» Des bulles d'air blanchissent la surface.
» Bien ! la masse devient mobile. Laissons-
» la se pénétrer du sel alcalin qui en doit
« faciliter la fusion : il faut que le mélange

« se purge de toute son écume, afin que
» la voix du métal retentisse pure et pro-
» fonde. »

C'est la cloche qui salue de l'accent de la joie l'enfant chéri qui naît au jour encore plongé dans les bras du sommeil : noire ou blanche, sa destinée repose aussi dans l'avenir; mais les soins de l'amour maternel veillent sur son matin doré.—Les ans fuient comme un trait. Jeune homme, il s'arrache aux jeux de ses sœurs et se précipite fièrement dans la vie.... Il court le monde avec le bâton du voyage, puis revient, étranger, au foyer paternel. C'est alors que la jeune fille, noble image des cieux, lui apparaît dans tout l'éclat de sa beauté, avec ses joues toutes roses de modestie et de pudeur. —

» Comme les tubes déjà brunissent! je
» vais plonger ce rameau dans le creuset;
» s'il en sort couvert d'une couche vitrée,
» il sera temps de couler. Allons! compa-
» gnons, éprouvez-moi le mélange, et

» voyez si l'union du métal dur au métal
» flexible s'est heureusement accomplie. »

Car de l'alliance de la force avec la douceur résulte une heureuse harmonie. Ceux qui s'unissent pour toujours doivent donc s'assurer que leurs cœurs se répondent. L'illusion est de peu de durée, le repentir éternel. — Avec quelle grâce la couronne virginale se joue sur le front de la jeune épouse, quand le son argentin des cloches l'appelle aux pompes de l'hymen. Hélas! la plus belle fête de la vie nous annonce aussi la fin de son printemps : avec la ceinture, avec le voile, combien d'illusions s'évanouissent! — La passion fuit, que l'attachement lui succède ; la fleur se fane, que le fruit la remplace. — Il faut désormais que l'homme, dans sa lutte avec une vie hostile, emploie tour à tour l'activité, l'adresse, la force et l'audace pour atteindre le bonheur. D'abord l'abondance le comble de ses dons; ses magasins regorgent de richesses, ses domaines s'étendent sa maison s'agrandit. La mère de famille en gouverne sagement l'intérieur, elle instruit sa fille, tempère la fougue de son jeune fils, promène partout ses mains actives, et son esprit d'ordre ajoute aux biens déjà acquis; elle remplit d'objets précieux ses armoires odorantes; sans cesse le fil bourdonne autour de ses fuseaux; la laine luisante, le lin d'un blanc de neige s'amassent dans ses coffres éblouissants de propreté, et répandant partout l'éclat sur l'abondance, elle n'accorde rien au repos.

Le père cependant du haut de sa maison jette un regard satisfait sur sa fortune qui fleurit encore à l'entour; il contemple ses arbres, ses enclos, ses greniers déjà pleins et ses champs ondoyants de moissons nouvelles, et soudain des paroles d'orgueil s'échappent de sa bouche : « Ma prospérité, solide comme les fondements de la terre, brave désormais l'infortune ! » Hélas ! qui peut faire un pacte éternel avec le sort?.. Le malheur vient vite.

« Bien, la fonte peut commencer; la cas-
» sure est déjà dentelée; pourtant avant de
» lui livrer passage, une prière ardente au
» Seigneur : — Débouchez les conduits,
» et que Dieu protége le moule! Oh!
» comme les vagues de feu se précipitent
» dans l'espace qui leur est ouvert! »

Le feu! c'est une puissance bienfaisante, quand l'homme le maîtrise et le surveille; c'est un don céleste qui facilite et accomplit bien des travaux. Mais qu'il est redoutable, ce fils de la nature, quand il surmonte les obstacles qui l'enchaînaient et reprend son indépendance. Malheur! lorsqu'abandonné à lui-même, il déroule sa marche triomphante au sein d'une cité populeuse! Car tous les éléments sont ennemis des créations humaines. — Du sein des nuages tombe la pluie bienfaisante aux moissons : du sein des nuages.... la foudre! —

Entendez-vous ce son qui gémit dans la tour? C'est le tocsin! Le ciel est d'un rouge

de sang, et pourtant ce n'est pas l'aurore....
Quel tumulte dans les rues! que de fumée!...
Le feu tantôt s'élève au ciel en colonnes
flamboyantes, tantôt se précipite dans
toute la longueur des rues, comme de la
gueule d'un four. L'air est embrasé.... les
poutres craquent, les murs s'écroulent, les
vitres pétillent, les enfants crient, les mères
courent çà et là, les animaux hurlent parmi
les débris.... tout se presse, périt ou s'é-
chappe.... la nuit brille de tout l'éclat du
jour. Enfin une longue chaîne s'établit autour de l'incendie, le seau vole de mains
en mains, et partout l'eau des pompes
s'élance en arcades.... Mais voilà que l'a-
quilon vient en rugissant tourbillonner
dans la fournaise.... c'en est fait.... la
flamme a gagné les greniers où s'entassent
de riches moissons, s'attache aux bois dés-
séchés, puis, comme si elle voulait dans
sa fuite puissante entraîner avec soi tout le
poids de la terre, elle s'élance au ciel en
forme gigantesque.—L'homme a perdu tout

espoir, il fléchit sous la main du sort; et désormais assiste à la destruction de ses œuvres, immobile et stupide.

Tout est vide et brûlé! Maintenant la tempête seule habitera ces ruines ceintes d'effroi, et qui ne verront plus passer que les nuages du ciel.

Un dernier regard vers le tombeau de sa fortune...... et l'homme s'éloigne: il a repris le bâton du voyage.... C'est tout ce que l'incendie lui a laissé. Mais une douce consolation l'attend au départ; il compte les têtes qui lui sont chères, et toutes ont survécu!

« La terre a reçu le métal, et le moule
» est heureusement rempli; mais verrons-
» nous enfin le succès couronner notre
» zèle et notre habileté.... Si la fonte n'a-
» vait pas réussi! si le moule se brisait!
» Ah! pendant que nous nous livrons à
» la joie, le mal peut-être est déjà con-
» sommé! »

Nous confions l'œuvre de nos mains au

sein ténébreux de la terre : le laboureur lui confie sa semence avec l'espoir que la bénédiction du ciel en fera jaillir des moissons ; ce que nous y déposons avec crainte est plus précieux encore, puisse-t-il sortir aussi du tombeau pour un destin plus glorieux.

De son dôme élevé, la cloche retentit lourde et sombre aux pompes des funérailles ; ses accents solennels accompagnent l'homme à son dernier voyage. Ah! c'est une fidèle épouse, c'est une tendre mère, que le prince des ombres arrache aux bras de son époux, aux enfants nombreux, que jeune encore, elle éleva sur son sein avec un amour inépuisable. Hélas! ces liens de famille sont rompus et pour toujours ; ses soins, sa douce autorité ne veilleront plus sur ses jeunes enfants, victimes désormais d'une marâtre insensible.

« Pendant que la cloche se refroidit,
» suspendons nos rudes travaux, et que
» chacun se divertisse comme l'oiseau sous
» le feuillage. Aux premières lueurs des

« étoiles, le serviteur, libre de tous sou-
» entend avec joie sonner l'heure du soir,
» mais pour le maître il n'est point d.
» repos. »

Le promeneur, qui s'est écarté bien loin
dans les bois solitaires, précipite ses pa-
vers sa demeure chérie ; les brebis bêlantes,
les bœufs au poil luisant, au large front,
regagnent l'étable accoutumée ; le lourd
chariot s'ébranle péniblement sous sa
charge de moissons, mais au-dessus des
gerbes repose une couronne aux couleurs
bigarrées ; et la jeune troupe de moisson-
neurs s'envole à la danse.

Bientôt le silence se promène sur les
places et le long des rues ; les habitants
du même toit se réunissent autour du
foyer commun, et les portes de la ville se
ferment avec un long gémissement. La nuit
s'épaissit encore, mais le citoyen paisible
ne la redoute point ; si le méchant s'é-
veille avec l'ombre, l'œil de la loi est ouvert sur ses pas.

C'est l'ordre, fils bienfaisant du ciel, qui unit les hommes par des liens légers et aimables, qui affermit les fondements des villes, qui ravit à ses bois le sauvage indompté, s'assied dans les demeures des mortels, adoucit leurs mœurs, et donne naissance au plus saint des amours, celui de la patrie !

Mille mains actives s'aident d'un mutuel secours, et pour le même but tous les efforts s'unissent : le maître et les compagnons travaillent également sous la protection de la sainte liberté ; chacun vit content de son sort et méprise l'oisiveté railleuse, car le travail fait la gloire du citoyen, et le bonheur sa récompense : il s'honore de ses ouvrages comme le roi de son éclat.

Plaisante paix, douce union, fixez-vous à jamais dans notre ville ; qu'il ne se lève jamais pour nous le jour où les bandes sanglantes de la guerre envahiraient cette vallée silencieuse, où le ciel, qui se peint de l'aimable rougeur du soir, ne réfléchirait plus que l'incendie épouvantable des villages et des cités !

« Maintenant, brisez-moi le moule : il » a rempli sa destination ; que nos yeux et » notre cœur se repaissent à la fois du doux » spectacle qui va leur être offert : levez le » marteau, frappez, frappez encore jusqu'à » ce que l'enveloppe s'échappe en débris, si » vous voulez que la cloche enfin naisse » au jour. »

Le maître peut rompre le moule d'une main exercée, et dans un temps convenable ; mais malheur à lui quand la fonte ardente s'en échappe en torrents de flamme, qu'avec un bruit de tonnerre elle brise son étroite demeure, et répand la ruine avec elle, pareille aux brasiers de l'enfer ! Où s'agitent des forces aveugles, nul effet bienfaisant ne peut se produire : ainsi, quand un peuple s'est affranchi de toute domination, il n'est plus pour lui de prospérité.

Oh ! malheur ! quand plane sur les villes

la révolte aux ailes de feu ! quand un peuple, léger d'entraves, s'empare horriblement du soin de se défendre ; quand parmi les cordes de la cloche se suspend la discorde aux cris de sang, et qu'elle convertit des sons pacifiques en signaux de carnage !

Liberté ! égalité !.... Partout ces cris retentissent ! Le paisible bourgeois court aux armes ; les rues, les places s'encombrent de foule ; des bandes d'assassins les parcourent, suivies de femmes qui se font un jeu d'insulter les victimes et d'arracher le cœur à leurs ennemis mourants : plus de religion, plus de liens sociaux ; les bons cèdent la place aux méchants, et tous les crimes marchent le front levé.

Il est dangereux d'exciter le réveil du lion, la colère du tigre est à redouter ; mais celle de l'homme est de toutes la plus horrible ! La lumière, bienfait du ciel, ne doit pas être confiée à l'aveugle, elle ne l'éclairerait point ; mais elle pourrait dans ses mains réduire en cendres les villes et les campagnes.

« Oh ! quelle joie Dieu m'a donnée !
» voyez comme le cintre métallique, dégagé
» de toute l'argile, luit aux yeux en étoile
» d'or ! comme du sommet à la bordure
» les armoiries ressortent bien aux rayons
» du soleil, et rendent témoignage au ta-
» lent de l'ouvrier ! »

Accourez, compagnons, accourez autour de la cloche, et donnons-lui le baptême : il faut qu'on la nomme *Concorde*, qu'elle préside à la réconciliation, et qu'elle réunisse les hommes dans un accord sincère.

Et tel était le but du maître en la créant : que maintenant bien loin des futilités de la terre, elle s'élève au sein de l'azur du ciel, voisine du tonnerre et couronnée par les étoiles ! Que sa voix se mêle au concert des astres qui célèbrent leur Créateur et règlent le cours des saisons ; que sa bouche de métal ne retentisse que de sons graves et religieux ; que, toutes les heures, le temps la frappe de son aile rapide ; qu'elle-même, inanimée, elle proclame les arrêts du destin ; que ses mouvements nous instruisent des vicissitudes humaines, et de même que ses sons viennent mourir dans notre oreille après l'avoir frappée d'un bruit majestueux, qu'elle nous apprenne qu'ici bas rien n'est stable, et que tout passe comme un vain son.

« Maintenant, tirez les câbles pour que
» la cloche sorte de la fosse, et qu'elle
» s'élève dans l'air, cet empire du bruit.
» Tirez encore : elle s'ébranle......... elle
» plane..... elle annonce la joie à notre
» ville, et ses premiers accents vont pro-
» clamer la paix. »

LE PLONGEUR.

«Qui donc, chevalier ou vassal, oserait plonger dans cet abîme? J'y lance une coupe d'or : le gouffre obscur l'a déjà dévorée; mais celui qui me la rapportera l'aura pour récompense.»

Le roi dit; et du haut d'un rocher rude et escarpé, suspendu sur la vaste mer, il a jeté sa coupe dans le gouffre de Charybde. «Est-il un homme de cœur qui veuille s'y précipiter?»

Les chevaliers, les vassaux ont entendu; mais ils se taisent, ils jettent les yeux sur la mer indomptée, et le prix ne tente personne. Le roi répète une troisième fois : « Qui de vous osera donc s'y plonger?»

Tous encore gardent le silence; mais voilà qu'un page à l'air doux et hardi sort du groupe tremblant des vassaux. Il jette sa ceinture, il ôte son manteau, et tous les hommes et les femmes admirent son courage avec effroi.

Et comme il s'avance sur la pointe du rocher en mesurant l'abîme, Charybde rejette l'onde, un instant dévorée, qui dégorge de sa gueule profonde, avec le fracas du tonnerre.

Les eaux bouillonnent, se gonflent, se brisent, et grondent comme travaillées par le feu; l'écume poudreuse rejaillit jusqu'au ciel, et les flots sur les flots s'entassent: comme si le gouffre ne pouvait s'épuiser, comme si la mer enfantait une mer nouvelle!

Mais enfin sa fureur s'apaise, et parmi la blanche écume apparaît sa gueule noire, et béante telle qu'un soupirail de l'enfer; de nouveau l'onde tourbillonne et s'y replonge en aboyant.

Vite, avant le retour des flots, le jeune homme se recommande à Dieu, et.... l'écho répète un cri d'effroi! les vagues l'ont entraîné, la gueule du monstre semble se refermer mystérieusement sur l'audacieux plongeur... Il ne reparaît pas!

L'abîme calmé ne rend plus qu'un faible murmure, et mille voix répètent en tremblant : « Adieu, jeune homme au noble cœur! » Toujours plus sourd le bruit s'éloigne, et l'on attend encore avec inquiétude, avec frayeur.

Quand tu y jetterais ta couronne, et que tu dirais : « Qui me la rapportera l'aura pour récompense et sera roi.... » un prix si glorieux ne me tenterait pas!—Ame vivante n'a redit les secrets du gouffre aboyant!

Que de navires, entraînés par le tourbillon, se sont perdus dans ses profondeurs; mais il n'a reparu que des mâts et des vergues brisées au-dessus de l'avide tombeau.

—Et le bruit des vagues résonne plus

distinctement, approche, approche, puis éclate.

Les voilà qui bouillonnent, se gonflent, se brisent, et grondent comme travaillées par le feu; l'écume poudreuse rejaillit jusqu'au ciel, et les flots sur les flots s'entassent, puis avec le fracas d'un tonnerre lointain, surmontent la gorge profonde.

Mais voyez : du sein des flots noirs s'élève comme un cygne éblouissant; bientôt on distingue un bras nu, de blanches épaules qui nagent avec vigueur et persévérance... C'est lui ! de sa main gauche il élève la coupe, en faisant des signes joyeux !

Et sa poitrine est haletante long-temps et long-temps encore; enfin le page salue la lumière du ciel. Un doux murmure vole de bouche en bouche : « Il vit ! il nous est rendu ! le brave jeune homme a triomphé de l'abîme et du tombeau ! »

Et il s'approche, la foule joyeuse l'environne, il tombe aux pieds du roi, et en s'agenouillant lui présente la coupe. Le roi fait venir son aimable fille, elle remplit le vase jusqu'aux bords d'un vin pétillant, et le page ayant bu, s'écrie :

« Vive le roi long-temps ! — Heureux ceux qui respirent à la douce clarté du ciel ! le gouffre est un séjour terrible : que l'homme ne tente plus les Dieux, et ne cherche plus à voir ce que leur sagesse environna de ténèbres et d'effroi. »

« J'étais entraîné d'abord par le courant avec la rapidité de l'éclair, lorsqu'un torrent impétueux, sorti du cœur du rocher, se précipita sur moi; cette double puissance me fit long-temps tournoyer comme le buis d'un enfant, et elle était irrésistible. »

» Dieu, que j'implorais dans ma détresse, me montra une pointe de rocher qui s'avançait dans l'abîme; je m'y accrochai d'un mouvement convulsif, et j'échappai à la mort. La coupe était là, suspendue à des branches de corail, qui l'avaient empêchée de s'enfoncer à des profondeurs infinies. »

« Car au-dessous de moi il y avait encore

comme des cavernes sans fond, éclairées d'une sorte de lueur rougeâtre, et quoique l'étourdissement eût fermé mon oreille à tous les sons, mon œil aperçut avec effroi une foule de salamandres, de reptiles et de dragons qui s'agitaient d'un mouvement infernal. »

« C'était un mélange confus et dégoûtant de raies épineuses, de chiens marins, d'esturgeons monstrueux, et d'effroyables requins, hyennes des mers, dont les grincements me glaçaient de crainte. »

« Et j'étais là suspendu avec la triste certitude d'être éloigné de tout secours, seul être sensible parmi tant de monstres difformes, dans une solitude affreuse où nulle voix humaine ne pouvait pénétrer, tout entouré de figures immondes.

» Et je frémis d'y penser... En les voyant tournoyer autour de moi, il me sembla qu'elles s'avançaient pour me dévorer.....
Dans mon effroi j'abandonnai la branche de corail où j'étais suspendu : au 'même

instant, le gouffre revomissait ses ondes mugissantes; ce fut mon salut, elles me ramenèrent au jour. »

Le roi montra quelque surprise, et dit : « La coupe t'appartient, et j'y joindrai cette bague ornée d'un diamant précieux, si tu tentes encore l'abîme, et que tu me rapportes des nouvelles de ce qui se passe dans ses profondeurs les plus reculées. »

A ces mots la fille du roi, tout émue, le supplie ainsi de sa bouche caressante : « Cessez, mon père, cessez un jeu si cruel, il a fait pour vous ce que nul autre n'eût osé faire. Si vous ne pouvez mettre un frein aux désirs de votre curiosité, que vos chevaliers surpassent en courage le jeune vassal. »

Le roi saisit vivement la coupe, et la rejetant dans le gouffre : « Si tu me la rapportes encore, tu deviendras mon plus noble chevalier, et tu pourras aujourd'hui même donner le baiser de fiançailles à celle qui prie si vivement pour toi. »

Une ardeur divine s'empare de l'âme du page; dans ses yeux l'audace étincèle : il voit la jeune princesse rougir, pâlir et tomber évanouie. Un si digne prix tente son courage, et il se précipite de la vie à la mort.

La vague rugit et s'enfonce..... Bientôt elle remonte avec le fracas du tonnerre..... Chacun se penche et y jette un regard plein d'intérêt : le gouffre engloutit encore et revomit les vagues qui s'élèvent, retombent et rugissent toujours.... mais sans ramener le plongeur.

LA PUISSANCE DU CHANT.

Un torrent s'élance à travers les fentes des rochers et vient avec le fracas du tonnerre. Des montagnes en débris suivent son cours, et la violence de ses eaux déracine des chênes : le voyageur étonné entend ce bruit avec un frémissement qui n'est pas sans plaisir; il écoute les flots mugir en tombant du rocher, mais il ignore d'où ils viennent. Ainsi l'harmonie se précipite à grands flots, sans qu'on puisse reconnaître les sources d'où elle découle.

Le poète est l'allié des êtres terribles qui tiennent en main les fils de notre vie : qui donc pourrait rompre ses nœuds magiques et résister à ses accents? Il possède le sceptre de Mercure, et s'en sert pour guider les âmes : tantôt il les conduit dans le royaume des morts ; tantôt il les élève, étonnées, vers le ciel, et les suspend, entre la joie et la tristesse, sur l'échelle fragile des sensations.

Lorsqu'au milieu d'un cercle où règne la gaîté, s'avance tout à coup, et tel qu'un fantôme, l'impitoyable destin : alors tous les grands de la terre s'inclinent devant cet inconnu qui vient d'un autre monde ; tout le vain tumulte de la fête s'abat, les masques tombent, et les œuvres du mensonge s'évanouissent devant le triomphe de la vérité.

De même, quand le poète prélude, chacun jette soudain le fardeau qu'il s'est imposé, l'homme s'élève au rang des esprits et se sent transporté jusqu'aux voûtes du ciel : alors il appartient tout à Dieu, rien de terrestre n'ose l'approcher, et toute autre puissance est contrainte à se taire. Le malheur n'a plus d'empire sur lui ; tant que dure la magique harmonie, son front cesse de porter les rides que la douleur y a creusées.

« Et comme après de longs désirs inaccomplis, après une séparation long-temps mouillée de larmes, un fils se jette enfin dans le sein de sa mère, en le baignant des pleurs du repentir; ainsi l'harmonie ramène toujours au toit de ses premiers jours, au bonheur pur de l'innocence, le fugitif qu'avaient égaré des illusions étrangères, elle le rend à la nature, qui lui tend les bras pour réchauffer son génie glacé par la contrainte des règles.

PÉGASE MIS AU JOUG.

Dans un marché de chevaux (à Hay-Market, je crois), certain poète affamé mit en vente Pégase, parmi beaucoup d'autres denrées.

Le cheval ailé hennissait et se cabrait avec des mouvements majestueux. Tout le monde l'admirant, s'écriait : « Le noble animal ! quel dommage qu'une inutile paire d'ailes dépare sa taille élancée !... Il serait l'ornement du plus bel attelage. La race en est rare, car personne n'est tenté de voyager dans les airs. » Et chacun craignait d'exposer son argent à un pareil achat ; un fermier en eut envie : « Il est vrai, dit-il, que ses ailes ne peuvent servir à rien, mais en les attachant ou en les coupant, ce cheval sera toujours bon pour le tirage. J'y risquerais bien vingt livres. » Le poète ravi lui frappe dans la main : « Un homme n'a qu'une parole! » s'écrie-t-il, et maître Jean part gaiment avec son emplète.

Le noble cheval est attelé; mais à peine sent-il une charge inconnue, qu'il s'élance indigné, et d'une secousse impétueuse jette le chariot dans un fossé : « Oh! oh! dit maître Jean, ce cheval est trop vif pour ne mener qu'une charrette. Expérience vaut science : demain j'ai des voyageurs à conduire, je l'attellerai à la voiture; il est assez fort pour me faire le service de deux autres chevaux, et sa fougue passera avec l'âge. »

D'abord tout alla bien : le léger coursier communiquait son ardeur à l'indigne attelage dont il faisait partie, et la voiture volait comme un trait. Mais qu'en arriva-t-il? Les yeux fixés au ciel, et peu accoutumé à cheminer d'un pas égal, il abandonne bientôt la route tracée, et, n'obéissant plus qu'à sa nature, il se précipite parmi les marais, les champs et les broussailles; la même fureur s'empare des autres chevaux; aucun cri, aucun frein ne peut les arrêter, jusqu'à ce que la voiture, après mainte culbute, aille enfin, au grand effroi des voyageurs, s'arrêter toute brisée au sommet d'un mont escarpé.

« Je ne m'y suis pas bien pris, dit maître Jean un peu pensif, ce moyen-là ne réussira jamais; il faut réduire cet animal furieux par la faim et par le travail. » Nouvel essai. Trois jours après le beau Pégase n'est déjà plus qu'une ombre. « Je l'ai trouvé! s'écrie notre homme, allons! qu'il tire la charrue avec le plus fort de mes bœufs. »

Aussitôt fait que dit : sa charrue offre aux yeux l'attelage risible d'un bœuf et d'un cheval ailé. Indigné, ce dernier fait d'impuissants efforts pour reprendre son vol superbe. Mais en vain : son compagnon n'en va pas plus vite, et le divin coursier est obligé de se conformer à son pas, jusqu'à ce qu'épuisé par une longue résistance la force abandonne ses membres, et qu'accablé de fatigues il tombe et roule à terre.

« Méchant animal, crie maître Jean l'accablant d'injures et de coups, tu n'es pas même bon pour labourer mon champ! Maudit soit le fripon qui t'a vendu à moi! » Tandis que le fouet servait de conclusion à sa harangue, un jeune homme, vif et de bonne humeur, vient à passer sur la route; une lyre résonne dans ses mains, et parmi ses cheveux blonds éclate une bandelette d'or. « Que veux-tu faire, dit-il, mon ami, d'un attelage aussi singulier? que signifie cette union bizarre d'un bœuf avec un oiseau? Veux-tu me confier un instant ton cheval à l'essai, et tu verras un beau prodige. »

Le cheval est dételé, et le jeune homme saute sur sa croupe en souriant. A peine

Pégase reconnaît-il la main du maître, qu'il mord fièrement son frein, prend son essor et lance des éclairs de ses yeux divins : ce n'est plus un cheval, c'est un dieu qui s'élève au ciel avec majesté, et déployant ses ailes, se perd bientôt parmi les espaces azurés, où les yeux des humains ne peuvent plus le suivre.

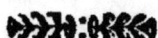

A GOËTHE,

LORSQU'IL TRADUISIT POUR LE THÉÂTRE

LE MAHOMET DE VOLTAIRE.

Et toi aussi, qui nous avais arrachés au joug des fausses règles pour nous ramener à la vérité et à la nature ; toi, Hercule au berceau, qui étouffas de tes mains d'enfant les serpents enlacés autour de notre génie ; toi, depuis si long-temps, ministre d'un art tout divin, tu vas sacrifier sur les autels détruits d'une muse que nous n'adorons plus !

Ce théâtre n'est consacré qu'à la muse nationale, et nous n'y servirons plus des divinités étrangères : nous pouvons maintenant montrer avec orgueil un laurier qui a fleuri de lui-même sur notre Parnasse. Le génie allemand a osé pénétrer dans le sanctuaire des arts, et à l'exemple des Grecs et des Bretons, il a brigué des palmes incueillies.

N'essaie donc pas de nous rendre nos anciennes entraves par cette imitation d'un drame du temps passé ; ne nous rappelle pas les jours d'une minorité dégradante... Ce serait une tentative vaine et méprisable que de vouloir arrêter la roue du temps qu'entrainent les heures rapides ; le présent est à nous, le passé n'est plus.

Notre théâtre s'est élargi; tout un monde s'agite à présent dans son enceinte : plus de conversations pompeuses et stériles ; une fidèle image de la nature, voilà ce qui a droit d'y plaire. L'exagération des mœurs dramatiques en a été bannie, le héros pense et agit comme un homme qu'il est; la passion élève librement la voix, et le beau ne prend sa source que dans le vrai.

Cependant le chariot de Thespis est légèrement construit : il est comme la barque de l'Achéron qui ne pouvait porter que des ombres et de vaines images; en vain la vie réelle se presse d'y monter, son poids ruinerait cette légère embarcation, qui n'est propre qu'à des esprits aëriens; jamais l'apparence n'atteindra entièrement la réalité : où la nature se montre il faut que l'art s'éloigne.

Ainsi, sur les planches de la scène un monde idéal se déploiera toujours; il n'y aura rien de réel que les larmes, et l'émotion n'y prendra point sa source dans l'erreur des sens. La vraie Melpomène est sincère; elle ne nous promet rien qu'une fable, mais elle sait y attacher une vérité profonde; la fausse nous promet la vérité, mais elle manque à sa parole.

L'art menaçait de disparaître du théâtre..

L'imagination voulait seule y établir son empire, et bouleverser la scène comme le monde; le sublime et le vulgaire étaient confondus... L'art n'avait plus d'asile que chez les Français : — mais ils n'en atteindront jamais la perfection; renfermés dans d'immuables limites, ils s'y maintiendront sans oser les franchir.

La scène est pour eux une enceinte consacrée : de ce magnifique séjour sont bannis les sons rudes et naïfs de la nature; le langage s'y est élevé jusqu'au chant; c'est un empire d'harmonie et de beauté : tout s'y réunit dans une noble symétrie pour former un temple majestueux, dans lequel on ne peut se permettre de mouvements qui ne soient réglés par les lois de la danse.

Ne prenons pas les Français pour modèles : chez eux l'art n'est point animé par la vie : la raison, amante du vrai, rejette leurs manières pompeuses, leur dignité affectée.... Seulement ils nous auront guidé vers le mieux; ils seront venus, comme un esprit qu'on aurait évoqué, purifier la scène si long-temps profanée, pour en faire le digne séjour de l'antique Melpomène.

LE PARTAGE DE LA TERRE.

—

» Prenez le monde, dit un jour Jupiter aux hommes du haut de son trône, qu'il soit à vous éternellement comme fief ou comme héritage; mais faites-en le partage en frères. »

A ces mots, jeunes et vieux, tout s'apprête et se met en mouvement; le laboureur s'empare des produits de la terre; le gentilhomme, du droit de chasser dans les bois.

Le marchand prend tout ce que ses magasins peuvent contenir; l'abbé se choisit les vins les plus exquis; le roi barricade les ponts et les routes et dit : « Le droit de péage est à moi. »

Le partage était fait depuis long-temps

quand le poète se présenta; hélas! il n'avait plus rien à y voir, et tout avait son maître.

» Malheur à moi! Le plus cher de tes enfants doit-il être oublié?.... » disait-il à Jupiter en se prosternant devant son trône.

» Si tu t'es trop long-temps arrêté au pays des chimères, répondit le dieu, qu'as-tu à me reprocher?... Où donc étais-tu pendant le partage du monde? — J'étais près de toi, dit le poète. »

» Mon œil contemplait ton visage, mon oreille écoutait ta céleste harmonie; pardonne à mon esprit, qui, ébloui de ton éclat, s'est un instant détaché de la terre et m'en a fait perdre ma part. »

» Que faire? dit le Dieu, je n'ai rien à te donner : les champs, les bois, les villes, tout cela ne m'appartient plus; veux-tu partager le ciel avec moi? Viens l'habiter, il te sera toujours ouvert. »

LE COMTE D'HABSBOURG.

A Aix-la-Chapelle, au milieu de la salle antique du palais, le roi Rodolphe, dans tout l'éclat de sa puissance impériale, était assis au splendide banquet de son couronnement. Le comte palatin du Rhin servait les mets sur la table; celui de Bohême versait le vin pétillant, et les sept électeurs, tels que le chœur des étoiles qui tourne autour du soleil, s'empressaient de remplir les devoirs de leur charge auprès du maître de la terre.

Et la foule joyeuse du peuple encombrait les hautes galeries; ses cris d'allégresse s'unissaient au bruit des clairons; car l'interrègne avait été long et sanglant, et un juge venait d'être rendu au monde ; le fer ne frappait plus aveuglément, et le faible, ami de la paix, n'avait plus à craindre les vexations du puissant.

L'empereur saisit la coupe d'or, et promenant autour de lui des regards satisfaits : « La fête est brillante, le festin plendide, tout ici charme le cœur de votre roi ; cependant je n'aperçois point de troubadour qui vienne émouvoir mon âme par des chants harmonieux, et par les sublimes leçons de la poésie. Tel a été mon plus vif plaisir dès l'enfance, et l'empereur ne dédaigne point ce qui fit le bonheur du chevalier. »

Et voilà qu'un troubadour, traversant le cercle des princes, s'avance vêtu d'une robe traînante ; ses cheveux brillent, argentés par de longues années : — « Dans les cordes dorées de la lyre sommeille une douce harmonie ; le troubadour célèbre les aventures des amants, il chante tout ce qu'il y a de noble et de grand sur la terre ; ce que l'âme désire, ce que rêve le cœur; mais quels chants seraient dignes d'un tel monarque, à sa fête la plus brillante. »

« Je ne prescris rien au troubadour, répond Rodolphe en souriant; il appartient à un plus haut seigneur, il obéit à l'inspiration : tel que le vent de la tempête dont on ignore l'origine, tel que le torrent dont la source est cachée, le chant d'un poète jaillit des profondeurs de son âme, et réveille les nobles sentiments assoupis dans le fond des cœurs. »

Et le troubadour, saisissant sa lyre, prélude par des accords puissants : « Un noble chevalier chassait dans les bois le rapide chamois; un écuyer le suivait portant les armes de la chasse; et, au moment que le chevalier, monté sur son fier coursier, allait entrer dans une prairie, il entend de loin tinter une clochette.... C'était un prêtre précédé de son clerc, et portant le corps du Seigneur. »

« Et le comte mit pied à terre, se découvrit humblement la tête, et adora avec une foi pieuse le Sauveur de tous les hommes. Mais un ruisseau qui traversait la prairie, grossi par les eaux d'un torrent, arrêta les pas du prêtre, qui déposa à terre l'hostie sainte et s'empressa d'ôter sa chaussure afin de traverser le ruissaau. »

« Que faites-vous? s'écria le comte avec surprise. — Seigneur, je cours chez un homme mourant qui soupire après la céleste nourriture, et je viens de voir à mon arrivée la planche qui servait à passer le ruisseau céder à la violence des vagues. Mais il ne faut pas que le mourant perde l'espérance du salut, et je vais nus pieds traverser le courant. »

« Alors le puissant comte le fait monter sur son beau cheval, et lui présente la bride éclatante; ainsi le prêtre pourra consoler le malade qui l'attend et ne manquera pas à son devoir sacré. Et le chevalier poursuit sa chasse monté sur le cheval de son écuyer, tandis que le ministre des autels achève son voyage : le lendemain matin il ramène au comte le cheval, qu'il tient modestement en laisse, en lui exprimant sa reconnaissance. »

« Que Dieu me garde, s'écrie le comte, avec humilité, de reprendre jamais pour le combat ou pour la chasse un cheval qui a porté mon Créateur ! Si vous ne pouvez le garder pour vous-même, qu'il soit consacré au service divin : car je l'ai donné à celui dont je tiens l'honneur, les biens, le corps, l'âme et la vie. »

— « Hé bien ! que puisse Dieu, le protecteur de tous, qui écoute les prières du faible, vous honorer dans ce monde et dans l'autre comme aujourd'hui vous l'honorez ! Vous êtes un puissant comte, célèbre par vos exploits dans la Suisse ; six aimables filles fleurissent autour de vous : puissent-elles, ajouta-t-il avec inspiration, apporter six couronnes dans votre maison et perpétuer votre race éclatante ! »

Et l'empereur, assis, méditait dans son

esprit et semblait se reporter à des temps déjà loin.... Tout à coup il fixe attentivement les traits du troubadour; frappé du sens de ses paroles, il reconnaît en lui le prêtre, et cache avec son manteau de pourpre les larmes qui viennent baigner son visage. Tous les yeux se portent alors sur le prince : ce qu'on vient d'entendre n'est plus un mystère, et chacun bénit les décrets de la Providence.

LE COMMENCEMENT

DU

XIXe SIÈCLE.

—

A ***

O mon noble ami ! où se réfugieront désormais la paix et la liberté ? Un siècle vient de s'éteindre au sein d'une tempête ; un siècle nouveau s'annonce par la guerre.

Tous liens sont rompus entre les nations, et toutes les vieilles institutions s'écroulent..... Le vaste Océan n'arrête point les fureurs de la guerre ; le dieu du Nil et le vieux Rhin ne peuvent rien contre elles.

Deux puissantes nations combattent pour

l'empire du monde; et, pour anéantir les libertés des peuples, le trident et la foudre s'agitent dans leurs mains.

Chaque contrée leur doit de l'or : et comme Brennus, aux temps barbares, le Français jette son glaive d'airain dans la balance de la justice.

L'Anglais, tel que le polype aux cent bras, couvre la mer de ses flottes avides, et veut fermer, comme sa propre demeure, le royaume libre d'Amphitrite.

Les étoiles du sud, encore inaperçues, s'offrent à sa course infatigable; il découvre les îles, les côtes les plus lointaines..... mais le bonheur, jamais!

Hélas! en vain chercherais-tu sur toute la surface de la terre un pays où la liberté fleurisse éternelle, où l'espèce humaine brille encore de tout l'éclat de la jeunesse.

Un monde sans fin s'ouvre à toi; ton vaisseau peut à peine en mesurer l'espace; et, dans toute cette étendue il n'y a point de place pour dix hommes heureux !

Il faut fuir le tumulte de la vie, et te recueillir dans ton cœur....... La liberté n'habite plus que le pays des chimères ; le beau n'existe plus que dans la poésie.

LE DRAGON DE RHODES.

Où court ce peuple ? qu'a-t-il à se précipiter en hurlant dans les rues ? Rhodes est-elle la proie des flammes ?.... La foule semble encore s'accroître, et j'aperçois au milieu d'elle un guerrier à cheval. Derrière lui.... ô surprise! on traîne un animal, dont le corps est d'un dragon et la gueule d'un crocodile, et tous les yeux se fixent avec étonnement, tantôt sur le monstre, tantôt sur le chevalier.

Et mille voix s'écrient : « Voilà le dragon..... venez-le voir !...... qui dévorait les troupeaux et les bergers! Voilà le héros qui en a triomphé! Bien d'autres sont partis pour cette périlleuse entreprise, mais aucun n'en était revenu..... Honneur au vaillant chevalier ! » — Et la foule se dirige vers le couvent où les chevaliers de Saint-Jean se sont à la hâte rassemblés au conseil.

Et le jeune homme pénètre avec peine dans la salle à travers les flots de peuple qui l'obstruaient, s'avance d'un air modeste vers le grand-maître, et prend ainsi la parole : « J'ai rempli mon devoir de chevalier; le dragon qui dévastait le pays, gît abattu par ma main; les chemins n'offrent plus de dangers aux voyageurs; le berger peut sans crainte faire paître ses troupeaux; le pèlerin peut aller paisiblement dans les rochers visiter la sainte chapelle. »

Le grand-maître lui lance un regard sévère : « Tu as agi comme un héros, lui dit-il, la bravoure honore les chevaliers, et tu en as fait preuve.... Dis-moi, cependant : quel est le premier devoir de celui qui combat pour le Christ et qui se pare d'une croix? » Tous les assistants pâlissent; mais le jeune homme s'incline en rougis-

sant, et répond avec une noble contenance :
« L'obéissance est son premier devoir, celui qui le rend digne d'une telle distinction. » — « Et ce devoir, mon fils, répond le grand-maître, tu l'as violé, quand ta coupable audace attaqua le dragon, au mépris de mes ordres. » — « Seigneur, jugez-moi seulement d'après l'esprit de la loi, car j'ai cru l'accomplir; je n'ai pas entrepris sans réfléchir une telle expédition, et j'ai plutôt employé la ruse que la force pour vaincre le dragon.

» Cinq chevaliers, l'honneur de notre ordre et de la religion, avaient déjà péri victimes de leur courage, lorsque vous nous défendîtes de tenter le même combat. Cependant ce désir me rongeait le cœur et me remplissait de mélancolie. La nuit, des songes m'en retraçaient l'image, et quand le jour venait éclairer de nouvelles dévastations, une ardeur sauvage s'emparait de moi, au point que je résolus enfin d'y hasarder ma vie.

» Et je me disais à moi-même : D'où naît la gloire, noble parure des hommes? Qu'ont-ils fait ces héros, chantés par les poètes, et que l'antiquité mettait au rang des dieux? Ils ont purgé la terre de monstres, combattu des lions, lutté avec des minotaures, pour délivrer de faibles victimes, et jamais ils n'ont plaint leur sang.

» Les chevaliers ne peuvent-ils donc combattre que des Sarrasins, ou détrôner que des faux dieux? N'ont-ils pas été envoyés à la terre comme libérateurs, pour l'affranchir de tous ses maux et de tous ses ennemis? Cependant la sagessse doit guider leur courage, et l'adresse suppléer quelquefois à la force. Ainsi me parlai-je souvent, et je cherchais seul à reconnaître les lieux habités par le monstre; enfin mon esprit m'offrit un moyen de l'attaquer, et je m'écriai plein de joie : Je l'ai trouvé!

» Et me présentant à vous, je vous témoignai le désir de revoir ma patrie ; vous accédâtes à ma prière ; je fis une heureuse traversée, et de retour à peine dans mon pays, je fis exécuter par un habile ouvrier l'image fidèle du dragon. C'était bien lui : son long corps pesait sur des pieds courts et difformes ; son dos se recouvrait horriblement d'une cuirasse d'écailles.

» Son col était d'une longueur effrayante et sa gueule s'ouvrait pour saisir ses victimes, hideuse comme une porte de l'enfer ; armée de dents qui éclataient blanches sur le gouffre sombre de son gosier et d'une langue aiguë comme la pointe d'une épée ; ses petits yeux lançaient d'affreux éclairs, et au bout de cette masse gigantesque s'agitait la longue queue en forme de serpent dont il entortille les chevaux et les hommes.

» Tout cela exécuté en petit et peint d'une couleur sombre figurait assez bien le monstre, moitié serpent, moitié dragon, au sein de son marais empoisonné ; et quand tout fut terminé je choisis deux dogues vigoureux, agiles, accoutumés à chasser les bêtes sauvages; je les lançai contre le monstre, et ma voix les excitait à le mordre avec fureur de leurs dents acérées.

» Il est un endroit où la poitrine de l'animal dégarnie d'écailles ne se recouvre que d'un poil léger, c'est là surtout que je dirige leurs morsures; moi-même armé d'un trait, je monte mon coursier arabe et d'une noble origine, j'excite son ardeur en le pressant de mes éperons et je jette ma lance à cette vaine image, comme si je voulais la percer.

» Mon cheval se cabre effrayé, hennit, blanchit son mors d'écume, et mes dogues hurlent de crainte à cette vue.... Je ne prends point de repos qu'ils ne s'y soient accoutumés. Trois mois s'écoulent et lorsque je les vois bien dressés, je m'embarque avec eux sur un vaisseau rapide. Arrivé ici depuis trois jours j'ai pris à peine le temps nécessaire pour reposer mes membres fatigués, jusqu'au moment de l'entreprise.

» Mon cœur fut vivement touché des nouveaux désastres de ce pays, que j'appris à mon arrivée; de la mort surtout de ces bergers qui s'étaient égarés dans la forêt et qu'on retrouva déchirés; je ne pris plus dès lors conseil que de mon courage, et je résolus de ne pas différer plus longtemps. J'en instruisis soudain mes écuyers, je montai sur mon bon cheval, et accompagné de mes chiens fidèles, je courus par un chemin détourné et en évitant tous les yeux à la rencontre de l'ennemi.

» Vous connaissez, seigneur, cette chapelle élevée par un de vos prédécesseurs sur un rocher d'où l'on découvre toute l'île : son extérieur est pauvre et méprisable, et cependant elle renferme une merveille de l'art : la sainte vierge et son fils, adoré par les trois rois. Le pèlerin, parvenu au faîte du rocher par trois fois trente marches, se repose enfin près de son Créateur en contemplant avec satisfaction l'espace qu'il a parcouru.

» Il est au pied du rocher une grotte profonde, baignée des flots de la mer voisine, où jamais ne pénètre la lumière du ciel; c'est là qu'habitait le reptile et qu'il était couché nuit et jour attendant sa proie : ainsi veillait-il comme un dragon de l'enfer au pied de la maison de Dieu, et si quelque pélerin s'engageait dans ce chemin fatal, il se jetait sur lui, et l'emportait dans son repaire.

» Avant de commencer l'effroyable combat je gravis le rocher, je m'agenouille devant le Christ, et ayant purifié mon cœur de toute souillure, je revêts dans le sanctuaire mes armes éclatantes : j'arme ma droite d'une lance, et je descends pour combattre. Puis laissant en arrière mes écuyers à qui je donne mes derniers ordres, je m'élance sur mon cheval en recommandant mon âme à Dieu.

» A peine suis-je en plaine, que mes

chiens poussent des hurlements et mon cheval commence à se cabrer d'effroi.... C'est qu'ils ont vu tout près la forme gigantesque de l'ennemi, qui, ramassé en tas, se réchauffait à l'ardeur du soleil. Les dogues rapides fondent sur lui; mais ils prennent bientôt la fuite, en le voyant ouvrir sa gueule haletante d'une vapeur empoisonnée, et pousser le cri du chacal.

» Cependant je parviens à ranimer leur courage, ils retournent au monstre avec une ardeur nouvelle, tandis que d'une main assurée, je lui lance un trait dans le flanc. Mais repoussée par les écailles, l'arme tombe à terre sans force, et j'allais redoubler, lorsque mon coursier, qu'épouvantait le regard de feu du reptile et son haleine empestée, se cabra de nouveau; et c'en était fait de moi,

» Si je ne me fusse jeté vite à bas de cheval. Mon épée est hors du fourreau; mais tous mes coups sont impuissants contre le corselet d'acier du reptile. Un coup de queue m'a déjà jeté à terre, sa gueule s'ouvre pour me dévorer...., quand mes chiens s'élançant sur lui avec rage le forcent à lâcher prise et lui font pousser d'horribles hurlements, déchiré qu'il est par leurs morsures.

» Et avant qu'il se soit débarrassé de leur attaque, je lui plonge dans la gorge mon glaive jusqu'à la poignée. Un fleuve de sang impur jaillit de sa plaie, il tombe et m'entraine avec lui enveloppé dans les nœuds de son corps.— C'est alors que je perdis connaissance, et lorsque je revins à la vie, mes écuyers m'entouraient et le dragon gissait étendu dans son sang. »

A peine le chevalier eût-il achevé, que des cris d'admiration long-temps comprimés s'élancèrent de toutes les bouches, et que des applaudissements cent fois répétés éclatèrent long-temps sous les voûtes sonores : les guerriers de l'ordre demandèrent même à haute voix que l'on décernât une couronne au héros; le peuple reconnaissant voulait le porter en triomphe.... Mais le grand maître, sans dérider son front, commanda le silence :

« Tu as, dit-il, frappé d'une main courageuse le dragon qui dévastait ces campagnes ; tu es devenu un Dieu pour le peuple... mais pour notre ordre, un ennemi ! et tu as enfanté un monstre bien autrement fatal que n'était celui-ci.... Un serpent qui souille le cœur, qui produit la discorde et la destruction, en un mot, la désobéissance ! Elle hait toute espèce de subordination, brise les liens sacrés de l'ordre et fait le malheur de ce monde.

» Le Turc est brave comme nous... c'est l'obéissance qui doit nous distinguer de lui : c'est dans les mêmes lieux où le Seigneur a descendu de toute sa gloire à l'état abject d'un esclave, que les premiers de cet ordre l'ont fondé afin de perpétuer un tel exemple : l'abnégation de toutes nos volontés, devoir qui est le plus difficile de tous, a été la base de leur institution ! —

Une vaine gloire t'a séduit.... Ote toi de ma vue... Celui qui ne peut supporter le joug du Seigneur n'est pas digne de se parer de sa croix. »

La foule à ces mots s'agite en tumulte et remplit le palais d'impétueux murmures. Tous les chevaliers demandent en pleurant la grâce de leur frère.... Mais celui-ci, les yeux baissés, dépouille en silence l'habit de l'ordre, baise la main sévère du grand-maître et s'éloigne. Le vieillard le suit quelque temps des yeux, puis le rappelant du ton de l'amitié : « Embrasse-moi, mon fils, tu viens de remporter un combat plus glorieux que le premier : prends cette croix ; elle est la récompense de cette humilité qui consiste à se vaincre soi-même. »

JEANNE-D'ARC.

Le démon de la raillerie t'a traînée dans la poussière pour souiller la plus noble image de l'humanité. L'esprit du monde est éternellement en guerre avec tout ce qu'il y a de beau et de grand : il ne croit ni à Dieu ni aux esprits célestes, il veut ravir au cœur tous ses trésors, il anéantit toutes les croyances en attaquant toutes les illusions.

Mais la poésie, d'humble naissance comme toi, est aussi une pieuse bergère ; elle te couvre de tous les privilèges de sa divinité, elle t'environne d'un cortège d'étoiles, et répand la gloire autour de toi.... O toi que le cœur a faite ce que tu es, tu vivras immortelle !

Le monde aime à obscurcir tout ce qui brille, à couvrir de fange tout ce qui s'élève. Mais ne crains rien! Il y a encore de bons cœurs qui tressaillent aux actions sublimes et généreuses; Momus fait les délices de la multitude, un noble esprit ne chérit que les nobles choses.

LE GANT.

Le roi de France assistait à un combat de bêtes féroces, entouré des grands de sa cour, et un cercle brillant de femmes décorait les hautes galeries.

Le prince fait un signe : une porte s'ouvre; un lion sort d'un pas majestueux. Muet, il promène ses regards autour de lui, ouvre une large gueule, secoue sa crinière, allonge ses membres et se couche à terre.

Et le prince fait un nouveau signe; une seconde porte s'ouvre aussitôt : un tigre en sort en bondissant : à la vue du lion, il jette un cri sauvage, agite sa queue en formidables anneaux, décrit un cercle autour de son ennemi, et vient enfin, grondant de colère, se coucher en face de lui.

Et le roi fait un signe encore : les deux portes se r'ouvrent et vomissent deux léopards. Enflammés de l'ardeur de combattre, ils se jettent sur le tigre, qui les saisit de ses griffes cruelles. Le lion lui-même se lève en rugissant, puis il se tait, et alors commence une lutte acharnée entre ces animaux avides de sang.

Tout à coup, un gant tombe du haut des galeries, lancé par une belle main, entre le lion et le tigre, et la jeune Cunégonde, se tournant d'un air railleur vers le chevalier Delorge : « Sire chevalier, prouvez-moi donc ce profond amour que vous me jurez à toute heure en m'allant relever ce gant. »

Et le chevalier se précipite dans la formidable arène, et d'une main hardie va ramasser le gant au milieu des combattants.

Tous les yeux se promènent de la dame

au chevalier avec étonnement, avec effroi... Celui-ci revient paisiblement vers Cunégonde et de toutes les bouches sort un murmure d'admiration. La dame le reçoit avec un doux sourire, présage d'un bonheur assuré.... Mais le chevalier lui jetant le gant avec dédain : « Point de remerciments, madame ! » Et il la quitte toute confuse d'une telle leçon.

L'IDÉAL.

Tu veux donc, infidèle, te séparer de moi, avec tes douces illusions, tes peines et tes plaisirs? Rien ne peut arrêter ta fuite, ô temps doré de ma jeunesse! c'est en vain que je te rappelle.... Tu cours précipiter tes ondes dans la mer de l'éternité!

Ils ont pâli, ces gais rayons qui jadis éclairaient mes pas; ces brillantes chimères se sont évanouies, qui remplissaient le vide de mon âme : je ne crois plus aux songes que mon sommeil m'offrait si beaux et si divins, la froide réalité les a frappés de mort !

Comme Pigmalion, dans son ardeur brûlante, embrassait un marbre glacé, jusqu'à lui communiquer le sentiment et la vie, je pressais la nature avec tout le feu de la jeunesse, afin de l'animer de mon âme de poète.

Et, partageant ma flamme, elle trouvait une voix pour me répondre, elle me rendait mes caresses, et comprenait les battements de mon cœur : l'arbre, la rose, tout pour moi naissait à la vie, le murmure des ruisseaux me flattait comme un chant, mon souffle avait donné l'existence aux êtres les plus insensibles.

Alors tout un monde se pressait dans ma poitrine, impatient de se produire au jour, par l'action, par la parole, par les images et les chants... Combien ce monde me parut grand tant qu'il resta caché comme la fleur dans son bouton. Mais que cette fleur s'est peu épanouie ! Qu'elle m'a semblé depuis chétive et méprisable !

Comme il s'élançait, le jeune homme, insouciant et léger, dans la carrière de la vie ! Heureux de ses rêves superbes, libre encore d'inquiétudes, l'espérance l'emportait aux cieux; il n'était pas de hauteur, pas de distance que ses ailes ne pussent franchir!

Rien n'apportait obstacle à cet heureux voyage, et quelle foule aimable se pressait autour de son char! L'amour avec ses douces faveurs, le bonheur couronné d'or, la gloire le front ceint d'étoiles, et la vérité toute nue à l'éclat du jour.

Mais hélas! au milieu de la route il perdit ces compagnons perfides; et l'un après l'autre ils s'étaient détournés de lui : le bonheur aux pieds légers avait disparu, la soif du savoir ne pouvait plus être apaisée, et les ténèbres du doute venaient ternir l'image de la vérité.

Je vis les palmes saintes de la gloire prodiguées à des fronts vulgaires; l'amour s'envola avec le printemps; le chemin que je suivais devint de jour en jour plus silencieux et plus désert; à peine si l'espérance y jetait encore quelques vagues clartés.

De toute cette suite bruyante, quelles

sont les deux divinités qui me demeurèrent fidèles, qui me prodiguent encore leurs consolations, et m'accompagneront jusqu'à ma dernière demeure ?.... C'est toi, tendre amitié, dont la main guérit toutes les blessures, toi qui partages avec moi le fardeau de la vie, toi que j'ai cherchée de si bonne heure, et qu'enfin j'ai trouvée.

C'est toi aussi, bienfaisante étude, toi qui sérènes les orages de l'âme, qui crées difficilement, mais ne détruis jamais; toi qui n'ajoutes à l'édifice éternel qu'un grain de sable sur un grain de sable, mais qui sais dérober au temps avare des minutes, des jours et des années!

LA BATAILLE.

Telle qu'un nuage épais et qui porte une tempête, la marche des troupes retentit parmi les vastes campagnes; une plaine immense s'offre à leurs yeux, c'est-là qu'on va jeter les dés d'airain. Tous les regards sont baissés, le cœur des plus braves palpite, les visages sont pâles comme la mort; voilà le colonel qui parcourt les rangs : — Halte! — Cet ordre brusque enchaîne le régiment, qui présente un front immobile et silencieux.

Mais qui brille là bas sur la montagne aux rayons pourprés du matin ? Voyez-vous les drapeaux ennemis? — Nous les voyons! que Dieu soit avec nos femmes et nos enfants. — Entendez-vous ces chants, ces roulements de tambours, et ces fifres joyeux? Comme cette belle et sauvage harmonie pénètre tous nos membres et parcourt la moëlle de nos os!

Frères, que Dieu nous protège.... nous, nous reverrons dans un autre monde!

Déjà un éclair a lui le long de la ligne de bataille; un tonnerre sourd l'accompagne, l'action commence, les balles sifflent, les signaux se succèdent.... Ah! l'on commence à respirer!

La mort plane, le sort se balance indécis.... Les dés d'airain sont jetés au sein de la fumée ardente!

Voilà que les deux armées se rapprochent : — Garde à vous! crie-t-on de peloton en peloton. Le premier rang plie le genou et fait feu... il en est qui ne se releveront pas. — La mitraille trace de longs vides; le second rang se trouve le premier.... A droite, à gauche, partout la mort : que de légions elle couche à terre!

Le soleil s'éteint, mais la bataille est toute en feu ; la nuit sombre descend enfin sur les armées. — Frères, que Dieu nous protège.... nous nous reverrons dans un autre monde !

De toutes parts le sang jaillit ; les vivants sont couchés avec les morts..... le pied glisse sur les cadavres..... — « Et toi aussi Franz ! — Mes adieux à ma Charlotte, ami ! (La bataille s'anime de plus en plus.) — Je lui porterai.... Oh! camarade, vois-tu derrière nous pétiller la mitraille ? — Je lui porterai tes adieux : repose ici.... je cours là bas où il pleut des balles. »

Le sort de la journée est encore douteux ; mais la nuit s'épaissit toujours.... Frères, que Dieu nous protège...... nous nous reverrons dans un autre monde.

Écoutez ! les adjudants passent au galop.... Les dragons s'élancent sur l'ennemi, et ses canons se taisent....... — Victoire ! camarades ! la peur s'est emparée des lâches et ils jettent leurs drapeaux !

La terrible bataille est enfin décidée : le jour triomphe aussi de la nuit ; tambours bruyants, fifres joyeux, célébrez tous notre victoire ! — Adieu, frères que nous laissons....... nous nous reverrons dans un autre monde !

LA CAUTION.

Méros cache un poignard sous son manteau, et se glisse chez Denis de Syracuse : les satellites l'arrêtent et le chargent de chaînes. « Qu'aurais-tu fait de ce poignard ? » lui demande le prince en fureur : « J'aurais délivré la ville d'un tyran ! — Tu expieras ce désir sur la croix. »

— « Je suis prêt à mourir et je ne demande point ma grâce, mais veuille m'accorder une faveur : Trois jours de délai pour unir ma sœur à son fiancé. Mon ami sera ma caution, et si je manque à ma parole, tu pourras te venger sur lui. »

Le roi se mit à rire, et après un instant de réflexion répondit d'un ton moqueur : « Je t'accorde trois jours ; mais songe que si tu n'as pas reparu, ce délai expiré, ton ami prend ta place et je te tiens quitte. »

Méros court chez son ami : « Le roi veut que j'expie sur la croix ma malheureuse tentative; cependant il m'accorde trois jours pour assister au mariage de ma sœur; sois ma caution auprès de lui jusqu'à mon retour. »

Son ami l'embrasse en silence et va se livrer au tyran tandis que Méros s'éloigne. Avant la troisième aurore il avait uni sa sœur à son fiancé, et il revenait déjà en grande hâte pour ne pas dépasser le délai fatal.

Mais une pluie continuelle attaque la rapidité de sa marche; les sources des montagnes se changent en torrents, et des ruisseaux forment des fleuves. Appuyé sur son bâton de voyage, Méros arrive au bord d'une rivière, et voit soudain les grandes eaux rompre le pont qui joignait les deux rives, et en ruiner les arches avec le fracas du tonnerre.

Désolé d'un tel obstacle, il s'agite en vain sur les bords, jette au loin d'impatients regards : point de barque qui se hasarde à quitter la rive pour le conduire où ses désirs l'appellent, point de batelier qui se dirige vers lui, et le torrent s'enfle comme une mer.

Il tombe sur la rive et pleure en levant ses mains au ciel : « O Jupiter, applanis ces eaux mugissantes ! Le temps fuit, le soleil parvient à son midi, s'il va plus loin, j'arriverai trop tard pour délivrer mon ami ! »

La fureur des vagues ne fait que s'accroître, les eaux poussent les eaux, et les heures chassent les heures.... Méros n'hésite plus ; il se jette au milieu du fleuve irrité, il lutte ardemment avec lui.... Dieu lui accorde la victoire.

Il a gagné l'autre rive, il précipite sa marche en rendant grâce au ciel.... quand tout à coup, du plus épais de la forêt, une bande de brigands se jette sur lui, avide de meurtre, et lui ferme le passage avec des massues menaçantes.

— « Que me voulez-vous? Je ne possède que ma vie, et je la dois au roi, à mon ami que je cours sauver!... » Il dit, saisit la massue du premier qui l'approche; trois brigands tombent sous ses coups et les autres prennent la fuite.

Le soleil est brûlant, Méros sent ses genoux se dérober sous lui brisés par la fatigue : « O toi, qui m'a sauvé de la main des brigands et de la fureur du fleuve, me laisseras-tu périr ici en trahissant celui qui m'aime !

» Qu'entends-je? serait-ce un ruisseau que m'annonce ce doux murmure? » Il s'arrête, il écoute, une source joyeuse et frétillante a jailli d'un rocher voisin : le voyageur se baisse ivre de joie, et rafraîchit son corps brûlant.

Et déjà le soleil, en jetant ses regards à travers le feuillage, dessine le long du chemin les formes des arbres avec des ombres gigantesques : deux voyageurs passent, Méros les devance bientôt, mais les entend se dire entre eux : « A cette heure on le met en croix ! »

Le désespoir lui donne des ailes, la crainte l'aiguillonne encore.... Enfin les tours lointaines de Syracuse apparaissent aux rayons du soleil couchant ; il rencontre bientôt Philostrate, le fidèle gardien de sa maison, qui le reconnaît et frémit.

« Fuis donc ! il n'est plus temps de sauver ton ami ; sauve du moins ta propre vie... En ce moment il expire : d'heure en heure il t'attendait sans perdre l'espoir, et les railleries du tyran n'avaient pu ébranler sa confiance en toi. »

» Hé bien, si je ne puis le sauver, je partagerai du moins son sort : que le sanguinaire tyran ne puisse pas dire qu'un ami a trahi son ami ; qu'il frappe deux victimes, et croie encore à la vertu ! »

Le soleil s'éteignait, quand Méros parvient aux portes de la ville ; il aperçoit l'échafaud et la foule qui l'environne ; on enlevait déjà son ami avec une corde pour le mettre en croix : — « Arrête, bourreau, me voici ! cet homme était ma caution ! »

Le peuple admire.... Les deux amis s'embrassent en pleurant, moitié douleur et moitié joie ; nul ne peut être insensible à un tel spectacle ; le roi lui-même apprend avec émotion l'étonnante nouvelle et les fait amener devant son trône.

Long-temps il les considère avec surprise : « Votre conduite a subjugué mon cœur.... La foi n'est donc pas un vain mot... J'ai à mon tour une prière à vous adresser... Daignez m'admettre à votre union, et que nos trois cœurs n'en forment plus qu'un seul. »

DÉSIR.

Ah! s'il était une issue pour m'élancer hors de ce vallon où pèse un brouillard glacé, quelle serait ma joie!.... Là bas, j'aperçois de riantes collines, décorées d'une jeunesse et d'une verdure éternelles : oh! si j'étais oiseau, si j'avais des ailes, je m'en irais là bas sur ces collines!

D'étranges harmonies viennent parfois retentir à mon oreille, échappées des concerts de ce monde enchanté : les vents légers m'en apportent souvent de suaves parfums; j'y vois briller des fruits d'or au travers de l'épais feuillage, et des plantes fleuries qui ne craignent rien des rigueurs de l'hiver.

Ah! que la vie doit s'écouler heureuse sur ces collines dorées d'un soleil éternel!

que l'air y doit être doux à respirer! mais les vagues furieuses d'un torrent m'en défendent l'accès et leur vue pénètre mon âme d'effroi.

Une barque cependant se balance près du bord : mais, hélas! point de pilote pour la conduire! — N'importe, entrons-y sans crainte, ses voiles sont déployées.... il faut espérer, il faut oser; car les dieux ne garantissent le succès d'aucune entreprise ; et un prodige seul peut me faire arriver dans ce beau pays des prodiges.

COLOMB.

Courage, brave navigateur! la raillerie peut attaquer tes espérances, les bras de tes marins peuvent tomber de fatigue....... Va toujours! toujours au couchant! Ce rivage que tu as deviné, il t'apparaîtra bientôt dans toute sa splendeur. Mets ta confiance dans le Dieu qui te guide, et avance sans crainte sur cette mer immense et silencieuse.—Si ce monde n'existe pas, il va jaillir des flots exprès pour toi : car il est un lien éternel entre la nature et le génie, qui fait que l'une tient toujours ce que l'autre promet.

LA GRANDEUR DU MONDE.

Je veux parcourir avec l'aile des vents tout ce que l'Éternel a tiré du chaos ; jusqu'à ce que j'atteigne aux limites de cette mer immense et que je jette l'ancre là où l'on cesse de respirer, où Dieu a posé les bornes de la création !

Je vois déjà de près les étoiles dans tout l'éclat de leur jeunesse, je les vois poursuivre leur course millénaire à travers le firmament, pour atteindre au but qui leur est assigné; je m'élance plus haut.... Il n'y a plus d'étoiles !

Je me jette courageusement dans l'empire immense du vuide, mon vol est rapide comme la lumière.... Voici que m'apparaissent de nouveaux nuages, un nouvel univers et des terres et des fleuves...

Tout à coup, dans un chemin solitaire, un pélerin vient à moi : — « Arrête, voyageur, où vas-tu ? — Je marche aux limites du monde, là où l'on cesse de respirer, où Dieu a posé les bornes de la création ! »

— « Arrête ! tu marcherais en vain : l'infini est devant toi ! » — O ma pensée, replie donc tes ailes d'aigle ! et toi audacieuse imagination, c'est ici, hélas ! ici qu'il faut jeter l'ancre !

ADIEUX AU LECTEUR.

Ma muse se tait, et sent la rougeur monter à ses joues virginales; elle s'avance vers toi pour entendre ton jugement, qu'elle recevra avec respect, mais sans crainte. Elle désire obtenir les suffrages de l'homme vertueux, que la vérité touche, et non un vain éclat; celui qui porte un cœur capable de comprendre les impressions d'une poésie élevée, celui-là seul est digne de la couronner.

Ces chants auront assez vécu, si leur harmonie peut réjouir une âme sensible, l'environner d'aimables illusions et lui inspirer de hautes pensées; ils n'aspirent point aux âges futurs; ils ne résonnent qu'une fois sans laisser d'échos dans le temps ; le plaisir du moment les fait naître, et les heures vont les emporter dans leur cercle léger.

Ainsi le printemps se réveille : dans tous les champs que le soleil échauffe, il répand une existence jeune et joyeuse; l'aubépine livre aux vents ses parfums ; le brillant concert des oiseaux monte jusqu'au ciel; tous les sens, tous les êtres partagent la commune ivresse... Mais dès que le printemps s'éloigne, les fleurs tombent à terre fanées, et pas une ne demeure de toutes celles qu'il avait fait naître.

BURGER.

BURGER.

LÉNORE.

Lénore se lève au point du jour, elle échappe à de tristes rêves : « Wilhelm, mon époux ! es-tu mort ? es-tu parjure ? Tarderas-tu long-temps encore ? » Le soir même de ses noces il était parti pour la bataille de Prague, à la suite du roi Frédéric, et n'avait depuis donné aucune nouvelle de sa santé.

Mais le roi et l'impératrice, las de leurs querelles sanglantes, s'apaisant peu à peu, conclurent enfin la paix ; et cling ! et clang ! au son des fanfares et des timbales, chaque armée, se couronnant de joyeux feuillages, retourna dans ses foyers

Et partout et sans cesse, sur les chemins, sur les ponts, jeunes et vieux, fourmillaient à leur rencontre. « Dieu soit loué ! » s'écriaient maint enfant, mainte épouse. « Sois le bien venu ! » s'écriait mainte fiancée. Mais, hélas ! Lénore seule attendait en vain le baiser du retour.

Elle parcourt les rangs dans tous les sens; partout elle interroge. De tous ceux qui sont revenus, aucun ne peut lui donner de nouvelles de son époux bien aimé. Les voilà déjà loin : alors, arrachant ses cheveux, elle se jette à terre et s'y roule avec délire.

Sa mère accourt : « Ah ! Dieu t'assiste ! Qu'est-ce donc, ma pauvre enfant ? » et elle la serre dans ses bras. « Oh ! ma mère, ma mère, il est mort ! mort ! que périsse le monde et tout ! Dieu n'a point de pitié ! Malheur ! malheur à moi !

— » Dieu nous aide et nous fasse grâce ! Ma fille, implore notre père : ce qu'il fait est bien fait, et jamais il ne nous refuse son secours. — Oh! ma mère, ma mère! vous vous trompez..... Dieu m'a abandonnée : à quoi m'ont servi mes prières? à quoi me serviront-elles?

— » Mon Dieu! ayez pitié de nous! Celui qui connait le père sait bien qu'il n'abandonne pas ses enfants : le Très-Saint-Sacrement calmera toutes tes peines! — Oh! ma mère, ma mère!.... Aucun sacrement ne peut rendre la vie aux morts!.....

— » Mon Dieu! ayez pitié de nous. N'entrez point en jugement avec ma pauvre enfant; elle ne sait pas la valeur de ses paroles..... ne les lui comptez pas pour des péchés! Ma fille, oublie les chagrins de la terre; pense à Dieu et au bonheur céleste; car il te reste un époux dans le ciel!

— » Oh! ma mère, qu'est-ce que le bonheur? Ma mère, qu'est-ce que l'enfer?..... Le bonheur est avec Wilhelm, et l'enfer sans lui! Éteins-toi, flambeau de ma vie, éteins-toi dans l'horreur des ténèbres! Dieu n'a point de pitié.... Oh! malheureuse que je suis! »

Ainsi le fougueux désespoir déchirait son cœur et son âme, et lui faisait insulter à la providence de Dieu. Elle se meurtrit le sein, elle se tordit les bras jusqu'au coucher du soleil, jusqu'à l'heure où les étoiles dorées glissent sur la voûte des cieux.

Mais au dehors quel bruit se fait entendre? Trap! trap! trap!..... C'est comme le pas d'un cheval. Et puis il semble qu'un cavalier en descende avec un cliquetis d'armures; il monte les degrés.... Écoutez! écoutez!... La sonnette a tinté doucement... Klinglingling! et, à travers la porte, une douce voix parle ainsi:

— » Holà! holà! ouvre-moi, mon enfant! Veilles-tu? ou dors-tu? Es-tu dans la joie ou dans les pleurs? — Ah! Wilhelm! c'est donc toi! si tard dans la nuit!... Je veillais et je pleurais..... Hélas! j'ai cruellement souffert.... D'où viens-tu donc sur ton cheval?

— » Nous ne montons à cheval qu'à minuit; et j'arrive du fond de la Bohême : c'est pourquoi je suis venu tard, pour te remmener avec moi. — Ah! Wilhelm, entre ici d'abord; car j'entends le vent siffler dans la forêt......

— » Laisse le vent siffler dans la forêt, enfant; qu'importe que le vent siffle. Le cheval gratte la terre, les éperons résonnent; je ne puis pas rester ici. Viens, Lénore, chausse-toi, saute en croupe sur mon cheval; car nous avons cent lieues à faire pour atteindre à notre demeure.

— » Hélas! comment veux-tu que nous fassions aujourd'hui cent lieues, pour atteindre à notre demeure? Écoute! la cloche de minuit vibre encore. — Tiens! tiens! comme la lune brille!.... Nous et les morts, nous allons vite; je gage que je t'y conduirai aujourd'hui même.

— Dis-moi donc où est ta demeure?

Y a-t-il place pour moi? — Pour nous deux. Viens, Lénore, saute en croupe : le banquet de noces est préparé, et les conviés nous attendent. »

La jeune fille se chausse, s'élance, saute en croupe sur le cheval ; et puis en avant ; hop ! hop ! hop ! Ainsi retentit le galop.... Cheval et cavalier respiraient à peine ; et, sous leurs pas, les cailloux étincelaient.

Oh ! comme à droite, à gauche, s'envolaient à leur passage, les prés, les bois et les campagnes ; comme sous eux les ponts retentissaient ! « — A-t-elle peur, ma mie ? La lune brille..... Hurra ! les morts vont vite. A-t-elle peur des morts ? — Non..... Mais laisse les morts en paix !

» Qu'est-ce donc là-bas que ce bruit et ces chants ? Où volent ces nuées de corbeaux ? Écoute..... c'est le bruit d'une cloche ; ce sont les chants des funérailles : « Nous avons un mort à ensevelir. » Et le convoi s'approche accompagné de chants qui semblent les rauques accents des hôtes des marécages.

— » Après minuit vous ensevelirez ce corps avec tout votre concert de plaintes et de chants sinistres : moi, je conduis mon épousée, et je vous invite au banquet de mes noces. Viens, chantre, avance avec le chœur, et nous entonne l'hymne du mariage. Viens, prêtre, tu nous béniras.

Plaintes et chants, tout a cessé..... la bière a disparu..... Sensible à son invitation, voilà le convoi qui les suit..... Hurra! hurra! Il serre le cheval de près, et puis en avant! Hop! hop! hop! ainsi retentit le galop..... Cheval et cavalier respiraient à peine, et sous leurs pas les cailloux étincelaient.

Oh! comme à droite, à gauche s'envolaient à leur passage les prés, les bois et les campagnes. Et comme à gauche, à droite, s'envolaient les villages, les bourgs et les villes. — « A-t-elle peur, ma mie? La lune brille..... Hurra! les morts vont vite..... A-t-elle peur des morts? — Ah! laisse donc les morts en paix.

— » Tiens! tiens! vois-tu s'agiter, auprès de ces potences, des fantômes aériens, que la lune argente et rend visibles? Ils dansent autour de la roue. Çà! coquins, approchez; qu'on me suive et qu'on danse le bal des noces..... Nous allons au banquet joyeux. »

Husch! husch! husch! toute la bande s'élance après eux, avec le bruit du vent, parmi les feuilles desséchées : et puis en avant! Hop! hop! hop! ainsi retentit le galop. Cheval et cavalier respiraient à peine, et sous leurs pas les cailloux étincelaient.

Oh! comme s'envolait, comme s'envolait au loin tout ce que la lune éclairait autour d'eux!.... Comme le ciel et les étoiles fuyaient au-dessus de leurs têtes!»
— A-t-elle peur, ma mie? La lune brille.... Hurra! les morts vont vite..... — Oh mon Dieu! laisse en paix les morts.

— » Courage, mon cheval noir. Je crois que le coq chante : le sablier bientôt sera

tout écoulé..... Je sens l'air du matin.....
Mon cheval, hâte-toi..... Finie, finie est
notre course! J'aperçois notre demeure....
Les morts vont vite..... Nous voici! »

Il s'élance à bride abattue contre une
grille en fer, la frappe légèrement d'un
coup de cravache....... Les verroux se brisent, les deux battants se retirent en gémissant. L'élan du cheval l'emporte parmi
des tombes qui, à l'éclat de la lune, apparaissent de tous côtés.

Ah! voyez!... au même instant s'opère
un effrayant prodige : hou! hou! le manteau du cavalier tombe pièce à pièce
comme de l'amadou brûlée; sa tête n'est
plus qu'une tête de mort décharnée, et
son corps devient un squelette qui tient
une faux et un sablier.

Le cheval noir se cabre furieux, vomit
des étincelles, et soudain..... hui! s'abime
et disparaît dans les profondeurs de la
terre : des hurlements, des hurlements
descendent des espaces de l'air, des gé-

missements s'élèvent des tombes souterraines..... Et le cœur de Lénore palpitait de la vie à la mort.

Et les esprits, à la clarté de la lune, se formèrent en rond autour d'elle, et dansèrent chantant ainsi : « Patience ! patience ! quand la peine brise ton cœur, ne blasphème jamais le Dieu du ciel ! Voici ton corps délivré..... que Dieu fasse grâce à ton âme ! »

LA MERVEILLE DES FLEURS.

Dans une vallée silencieuse brille une belle petite fleur; sa vue flatte l'œil et le cœur, comme les feux du soleil couchant; elle a bien plus de prix que l'or, que les perles et les diamants, et c'est à juste titre qu'on l'appelle la merveille des fleurs.

Il faudrait chanter bien long-temps pour célébrer toute la vertu de ma petite fleur et les miracles qu'elle opère sur le corps et sur l'esprit; car il n'est pas d'élixir qui puisse égaler les effets qu'elle produit, et rien qu'à la voir on ne le croirait pas.

Celui qui porte cette merveille dans son cœur devient aussi beau que les anges; c'est ce que j'ai remarqué avec une profonde émotion dans les hommes comme dans les femmes, aux vieux et aux jeunes; elle attire les hommages des plus belles âmes, telle qu'un talisman irrésistible.

Non, il n'est rien de beau dans une tête orgueilleuse, fixe sur un cou tendu, qui croit dominer tout ce qui l'entoure; si l'orgueil du rang ou de l'or t'a raidi le cou, ma fleur merveilleuse te le rendra flexible, et te contraindra à baisser la tête.

Elle répandra sur ton visage l'aimable couleur de la rose, elle adoucira le feu de tes yeux en abaissant leurs paupières; si ta voix est rude et criarde, elle lui donnera le doux son de la flûte, si ta marche est lourde et arrogante, elle la rendra légère comme le zéphyr.

Le cœur de l'homme est comme un luth fait pour le chant et l'harmonie, mais souvent le plaisir et la peine en tirent des sons aigus et discordants : la peine, quand les honneurs, le pouvoir et la richesse échappent à ses vœux; le plaisir, lorsque ornés de couronnes victorieuses, ils viennent se mettre à ces ordres.

Oh! comme la fleur merveilleuse remplit alors les cœurs d'une ravissante harmonie! comme elle entoure d'un prestige enchanteur la gravité et la plaisanterie! Rien dans les actions alors, rien dans les paroles qui puisse blesser personne au monde; point d'orgueil, point d'arrogance, point de prétentions!

Oh! que la vie est alors douce et paisible! Quel bienfaisant sommeil plane autour du lit où l'on repose! La merveilleuse fleur préserve de toute morsure, de tout poison; le serpent aurait beau vouloir te piquer, il ne le pourrait pas!

Mais, croyez-moi, ce que je chante n'est pas une fiction, quelque peine qu'on puisse avoir à supposer de tels prodiges. Mes chants ne sont qu'un reflet de cette grâce céleste, que la merveille des fleurs répand sur les actions et la vie des petits et des grands.

Oh! si vous aviez connu celle qui fit jadis toute ma joie : la mort l'arracha de mes bras, sur l'autel même de l'hymen; vous auriez aisément compris ce que peut la divine fleur, et la vérité vous serait apparue, comme dans le jour le plus pur.

Que de fois je lui dus la conservation de cette merveille! elle la remettait doucement sur mon sein, quand je l'avais perdue; maintenant un esprit d'impatience l'en arrache souvent, et toutes les fois que le sort m'en punit, je regrette amèrement ma perte.

O toutes les perfections que la fleur avait répandues sur le corps et dans l'esprit de mon épouse chérie, les chants les plus longs ne pourraient les énumérer: et comme elle ajoute plus de charmes à la beauté, que la soie, les perles et l'or, je la nomme la merveille des fleurs, d'autres l'appellent la modestie.

SONNET

COMPOSÉ PAR BURGER APRÈS LA MORT DE SA SECONDE FEMME.

Ma tendresse, comme la colombe long-temps poursuivie par le faucon, se vantait d'avoir enfin trouvé un asile dans le silence d'un bois sacré.

Pauvre colombe! que ta confiance est trompée! Sort fatal et inattendu! Sa retraite, que l'œil ne pouvait pénétrer, est incendiée soudain par la foudre!

Hélas!.... et la voici encore errante! La malheureuse est réduite à voltiger du ciel à la terre, sans but, sans espoir de reposer jamais son aile fatiguée.

Car où trouver un cœur qui prenne pitié du sien, près de qui elle puisse encore se réchauffer comme autrefois?.... Un tel cœur ne bat plus pour elle sur la terre!

SONNET.

—

Mes amis, il vous est arrivé peut-être de fixer sur le soleil un regard, soudain abaissé : mais il restait dans votre œil comme une tache livide, qui long-temps vous suivait partout.

C'est ce que j'ai éprouvé : j'ai vu briller la gloire, et je l'ai contemplée d'un regard trop avide..... une tache noire m'est restée depuis dans les yeux.

Et elle ne me quitte plus, et sur quelque objet que je fixe ma vue, je la vois s'y poser soudain, comme un oiseau de deuil

Elle voltigera donc sans cesse entre le bonheur et moi!..:... — O mes amis, c'est qu'il faut être un aigle pour contempler impunément le soleil et la gloire !

LA CHANSON

DU BRAVE HOMME.

—

Que la chanson du brave homme retentisse au loin comme le son des orgues et le bruit des cloches ! L'or n'a pu payer son courage, qu'une chanson en soit la récompense. Je remercie Dieu de m'avoir accordé le don de louer et de chanter, pour chanter et louer le brave homme.

Un vent impétueux vint un jour de la mer et tourbillonna dans nos plaines : les nuages fuyaient devant lui, comme devant le loup les troupeaux; il balayait les champs, couchait les forêts à terre; et chassait de leurs lits les fleuves et les lacs.

Il fondit les neiges des montagnes et les précipita en torrents dans les plaines; les rivières s'enflèrent encore et bientôt tout le plat pays n'offrit plus que l'aspect d'une mer, dont les vagues effrayantes roulaient des rocs déracinés.

Il y avait dans la vallée un pont jeté entre deux rochers, soutenu sur d'immenses arcades, et au milieu une petite maison que le gardien du pont habitait avec sa femme et ses enfants : Gardien du pont, sauve-toi vite !

L'inondation menaçante monte toujours : l'ouragan et les vagues hurlaient déjà plus fort autour de la maison; le gardien monta sur le toit, jeta en bas un regard de désespoir : « Dieu de miséricorde ! au secours ! nous sommes perdus.... au secours !

Les glaçons roulaient l'un sur l'autre, les vagues jetaient sur les rives des piliers arrachés au pont dont elles ruinaient à grand bruit les arches de pierre : mais le gardien tremblant, avec ses enfants et sa femme, criait plus haut que les vagues et l'ouragan.

Les glaçons roulaient l'un sur l'autre,

çà et là vers les rives, et aussi les débris du pont ruiné par les vagues, et dont la destruction totale s'approchait : « Ciel miséricordieux, au secours! »

Le rivage éloigné était couvert d'une foule de spectateurs grands et petits; et chacun criait et tendait les mains, mais personne ne voulait se dévouer pour secourir ces malheureux; et le gardien tremblant, avec ses enfants et sa femme, criait plus haut que les vagues et l'ouragan.

Quand donc retentiras-tu, chanson du brave homme, aussi haut que le son des orgues et le bruit des cloches? Dis enfin son nom, répète-le, ô le plus beau de tous mes chants!... La destruction totale du pont s'approche.... Brave homme, brave homme, montre-toi!

Voici un comte qui vient au galop, un noble comte sur son grand cheval : qu'élève t-il avec la main? une bourse bien pleine et bien ronde : « Deux cents pistoles sont promises à qui sauvera ces malheureux! »

Qui est le brave homme, est-ce le comte? Dis-le, mon noble chant, dis-le : le comte, par Dieu! était brave; mais j'en sais un plus brave que lui. O brave homme, brave homme, montre-toi! De plus en plus la mort menace!

Et l'inondation croissait toujours, et l'ouragan sifflait plus fort, et le dernier rayon d'espoir s'éteignait : sauveur, sauveur, montre-toi! L'eau entraîne toujours des piliers du pont et en ruine les arches à grand bruit.

« Halloh! halloh! vite au secours! » Et le comte montre de nouveau la récompense; chacun entend, chacun a peur, et nul ne sort de l'immense foule : en vain le gardien du pont, avec ses enfants et sa femme, criait plus haut que les vagues et l'ouragan.

Tout à coup passe un paysan, portant le bâton du voyage, couvert d'un habit grossier, mais d'une taille et d'un aspect imposant; il entend le comte, voit ce dont il s'agit, et comprend l'imminence du danger.

Invoquant le secours du ciel, il se jette dans la plus proche nacelle, brave les tourbillons, l'orage et le choc des vagues, et parvient heureusement auprès de ceux qu'il veut sauver! Mais hélas! l'embarcation est trop petite pour les recevoir tous.

Trois fois il fit le trajet malgré les tourbillons, l'orage et le choc des vagues, et trois fois il ramena au bord sa nacelle jusqu'à ce qu'il les eût sauvés tous; à peine les derniers y arrivaient-ils, que les restes du pont achevèrent de s'écrouler.

Quel est donc, quel est ce brave homme? Dis-le, mon noble chant, dis-le!... Mais peut-être est-ce au son de l'or qu'il vient de hasarder sa vie; car il était sûr que le comte tiendrait sa promesse, et il n'était pas sûr que ce paysan perdît la vie.

— «Viens ici, s'écria le comte, viens ici, mon brave ami! Voici la récompense promise, viens, et reçois-la!» — Dites que le comte n'était pas un brave homme ! — Pardieu ! c'était un noble cœur ! — Mais, certes, un cœur plus noble encore et plus brave battait sous l'habit grossier du paysan !

« Ma vie n'est pas à vendre pour de l'or : je suis pauvre, mais je puis vivre : donnez votre or au gardien du pont, car il a tout perdu. » Il dit ces mots d'un ton franc et modeste à la fois, ramassa son bâton et s'en alla.

Retentis, chanson du brave homme, retentis au loin, plus haut que le son des orgues et le bruit des cloches. L'or n'a pu payer un tel courage, qu'une chanson en soit la récompense ! Je remercie Dieu de m'avoir accordé le don de louer et de chanter, pour célébrer à jamais le brave homme !

LE FÉROCE CHASSEUR.

Le comte a donné le signal avec son cor de chasse : Halloh ! halloh ! dit-il, a pied et à cheval ! Son coursier s'élance en hennissant : derrière lui se précipitent et les piqueurs ardents, et les chiens qui aboient détachés de leur laisse, parmi les ronces et les buissons, les champs et les prairies.

Le beau soleil du dimanche dorait déjà le haut clocher, tandis que les cloches annonçaient leur réveil avec des sons harmonieux ; et que les chants pieux des fidèles retentissaient au loin dans la campagne.

Le comte traversait des chemins en croix, et les cris des chasseurs redoublaient plus gais et plus bruyants... Tout à coup.

un cavalier accourt se placer à sa droite et un autre à sa gauche. Le cheval du premier était blanc comme de l'argent, celui du second était de couleur de feu.

Quels étaient ces cavaliers venus à sa droite et à sa gauche? Je le soupçonne bien, mais je ne l'affirmerais pas! Le premier, beau comme le printemps, brillait de tout l'éclat du jour : le second, d'une pâleur effrayante, lançait des éclairs de ses yeux comme un nuage qui porte la tempête.

— « Vous voici à propos, cavaliers, soyez les bienvenus à cette noble chasse; il n'est point de plus doux plaisir sur la terre comme dans les cieux. » Ainsi parlait le comte, se frappant gaiement sur les hanches, et lançant en l'air son chapeau.

— « Le son du cor, dit avec douceur le cavalier de droite, s'accorde mal avec les cloches et les chants des fidèles; retourne chez toi; ta chasse ne peut être heureuse aujourd'hui : écoute la voix de ton bon ange et ne te laisse point guider par le mauvais. »

— « En avant ! en avant ! mon noble seigneur, s'écria aussitôt le cavalier de gauche, que vient-on nous parler de cloches et de chants d'église ? La chasse est plus divertissante : laissez-moi vous conseiller ce qui convient à un prince et n'écoutez point ce trouble-fête. »

— « Ah ! bien parlé ! mon compagnon de gauche ; tu es un homme selon mon cœur : ceux qui n'aiment pas courir le cerf peuvent s'en aller dire leurs patenôtres : pour toi mon dévot compagnon, agis à ta fantaisie et laisse-moi faire de même. »

Harry ! hurra ! Le comte s'élance à travers champs, à travers monts... Les deux cavaliers de droite et de gauche le serrent toujours de près.... Tout à coup un cerf dix cors tout blanc vient à se montrer dans le lointain.

Le comte donne du cor : piétons et cavaliers se précipitent sur ses pas. Oh !

oh! en voilà qui tombent et qui sont tués dans cette course rapide : « Laissez-les, laissez-les rouler jusqu'à l'enfer! cela ne doit point interrompre les plaisirs du prince. »

Le cerf se cache dans un champ cultivé, et s'y croit bien en sûreté; soudain un vieux laboureur se jette aux pieds du comte en le suppliant : « Miséricorde! bon seigneur, miséricorde! ne détruisez point le fruit des sueurs du pauvre! »

Le cavalier de droite se rapproche et fait avec douceur quelques représentations au comte; mais celui de gauche l'excite au contraire à s'inquiéter peu du dommage pourvu qu'il satisfasse ses plaisirs. Le comte, méprisant les avis du premier, s'abandonne à ceux du second.

— « Arrière, chien que tu es! crie le comte furieux au pauvre laboureur, ou je te vais aussi donner la chasse, par le diable! En avant, compagnons, et pour appuyer mes paroles, faites claquer vos fouets aux oreilles de ce misérable! »

Aussitôt fait que dit, il franchit le premier les barrières, et sur ses pas, hommes, chiens et chevaux, menant grand bruit, bouleversent tout le champ et foulent aux pieds la moisson.

Le cerf effrayé reprend sa course à travers champs et bois, et toujours poursuivi sans jamais être atteint, il parvient dans une vaste plaine où il se mêle pour échapper à la mort, à un troupeau qui paissait tranquillement.

Cependant, de toutes parts, à travers bois et champs, la meute ardente se précipite sur ses traces qu'elle reconnaît. Le berger, qui craint pour son troupeau, va se jeter aux pieds du comte :

« Miséricorde ! seigneur, miséricorde ! Faites grâce à mon pauvre troupeau : songez, digne seigneur, qu'il y a là telle vache qui fait l'unique richesse de quelque pauvre veuve. Ne détruisez pas le bien du pauvre…. Miséricorde ! seigneur, miséricorde !

Le cavalier de droite se rapproche encore et fait avec douceur quelques représentations au comte; mais celui de gauche l'excite au contraire à s'inquiéter peu du dommage pourvu qu'il satisfasse ses plaisirs. Le comte, méprisant les avis du premier, s'abandonne à ceux du second.

« Vil animal ! oses-tu m'arrêter ? Je voudrais te voir changer aussi en bœuf toi et tes sorcières de veuves, je vous chasserais jusqu'aux nuages du ciel ! »

Halloh ! en avant, compagnons, doho ! hussassah !... Et la meute ardente chasse tout devant elle... Le berger tombe à terre déchiré, et tout son troupeau est mis en pièces.

Le cerf s'échappe encore dans la bagarre, mais déjà sa vigueur est affaiblie : tout couvert d'écume et de sang, il s'enfonce dans la forêt sombre, et va se cacher dans la chapelle d'un ermite.

La troupe ardente des chasseurs se précipite sur ses traces avec un grand bruit de fouets, de cris et de cors. Le saint ermite sort aussitôt de sa chapelle et parle au comte avec douceur :

« Abandonne ta poursuite, et respecte l'asile de Dieu! Les angoisses d'une pauvre créature t'accusent déjà devant sa justice...... Pour la dernière fois, suis mon conseil, ou tu cours à ta perte. »

Le cavalier de droite s'approche de nouveau, et fait avec douceur des représentations au comte, mais celui de gauche l'excite au contraire à s'inquiéter peu du dommage, pourvu qu'il satisfasse ses plaisirs : le comte, méprisant les avis du premier, s'abandonne à ceux du second.

« Toutes ces menaces, dit-il, me causent peu d'effroi : le cerf s'envolât-il au troisième ciel, je ne lui ferais pas encore grâce; que cela déplaise à Dieu ou à toi, vieux fou, peu m'importe, et j'en passerai mon envie. »

Il fait retentir son fouet, et souffle dans son cor de chasse. En avant, compagnons, en avant !.... — L'ermite et la chapelle s'évanouissent devant lui.... et derrière, hommes et chevaux ont disparu.... Tout l'appareil, tout le fracas de la chasse, s'est enseveli dans l'éternel silence.

Le comte, épouvanté, regarde autour de lui.... Il embouche son cor, et aucun son n'en peut sortir.... Il appelle et n'entend plus sa propre voix.... son fouet qu'il agite est muet..... son cheval qu'il excite ne bouge pas.

Et autour de lui tout est sombre.... tout est sombre comme un tombeau.... Un bruit sourd se rapproche, tel que la voix d'une mer agitée, puis gronde sur sa tête avec le fracas de la tempête, et prononce cette effroyable sentence :

« Monstre, produit par l'enfer ! toi qui n'épargnes ni l'homme, ni l'animal, ni Dieu même ; le cri de tes victimes t'accuse devant ce tribunal, où brûle le flambeau de la vengeance !

» Fuis, monstre ! fuis ! car de cet instant

le démon et sa meute infernale te poursuivront dans l'éternité : ton exemple sera l'effroi des princes qui, pour satisfaire un plaisir cruel, ne ménagent ni Dieu ni les hommes. »

La forêt s'éclaire soudain d'une lueur pâle et blafarde.... le comte frissonne..... l'horreur parcourt tous ses membres, et une tempête glacée tourbillonne autour de lui.

Pendant l'affreux orage, une main noire sort de terre, s'élève, s'appuie sur sa tête, se referme, et lui tourne le visage sur le dos.

Une flamme bleue, verte et rouge, éclate et tournoie autour de lui.... Il est dans un océan de feu; il voit se dessiner à travers la vapeur tous les hôtes du sombre abîme... des milliers de figures effrayantes s'en élèvent et se mettent à sa poursuite.

A travers bois, à travers champs, il fuit jetant des cris douloureux; mais la meute infernale le poursuit sans relâche, le jour dans le sein de la terre, la nuit dans l'espace des airs.

Son visage demeure tourné vers son dos; ainsi il voit toujours dans sa fuite les monstres que l'esprit du mal ameute contre lui; il les voit grincer des dents et s'élancer prêts à l'atteindre.

C'est la grande chasse infernale qui durera jusqu'au dernier jour, et qui souvent cause tant d'effroi au voyageur de nuit. Maint chasseur pourrait en faire de terribles récits, s'il osait ouvrir la bouche sur des choses pareilles.

FIN.

TABLE.

               Pages

INTRODUCTION. 1

KLOPSTOCK.

Ma Patrie. 53
Les Constellations. 58
Les deux Muses. 63
Les Heures de l'Inspiration. 67
A Schmied, ode écrite pendant une maladie
 dangereuse. . . . . , . . . 70
Psaume. 75
Mon Erreur. 78
Hermann et Trusnelda. 81
Hermann, chanté par les bardes Werdomar,
 Kerding et Darmont. 83

GOËTHE.

Ma Déesse. 95
Complainte de la noble Femme d'Azan-
  Aga; imitée du Morlaque. 96
L'Aigle et la Colombe. 101
Le Chercheur de trésors. 104
Consolation dans les larmes. 106
Le Roi des Aulnes. 108
L'Élève sorcier. 110
Le Voyageur. 114
Le Barde. 123
Le Roi de Thulé. 125
Les Mystères. 127

SCHILLER.

La Chanson de la cloche. 135
Le Plongeur. 150
La Puissance du Chant. 138

TABLE.

Pégase mis au joug. 161
Épitre à Goëthe, lorsqu'il traduisit pour le
    théâtre le *Mahomet* de Voltaire. 166
Le Partage de la terre. 171
Le Comte d'Habsbourg. 173
Le Commencement du xixe Siècle. 179
Le Dragon de Rhodes. 182
Jeanne-d'Arc. 194
Le Gant. 196
L'Idéal. 199
La Bataille. 203
La Caution. 207
Désir. 213
Colomb. 215
La Grandeur du monde. 216
Adieux au Lecteur. 218

BURGER.

Lénore. 223
La Merveille des Fleurs. 233
Sonnet composé par Burger après la mort

TABLE.

de sa seconde femme............ 237
Sonnet.......................... 239
La Chanson du Brave Homme...... 240
Le féroce Chasseur............. 246

1852

FIN.